고등학교 졸업자격

검정
고시의
정석

최신
개정판

이타임라이프

편집부저

과학

Contents

I

물질과 규칙성

01 물질의 기원

01 | 외부 은하의 스펙트럼

1. **별빛 스펙트럼의 파장변화(빛의 도플러효과)**

   ① 관측자로부터 멀어지는 천체가 방출한 빛 : 파장이 길어지는 적색 편이

   ② 관측자를 향해 다가오는 천체가 방출한 빛 : 파장이 짧아지는 청색 편이

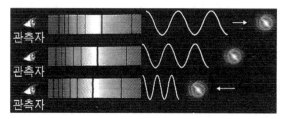

멀어질 때 : 적색 편이

정지할 때 : 실제 파장

다가올 때 : 청색 편이

2. **외부 은하의 스펙트럼** : 외부 은하의 스펙트럼선들이 모두 적색 편이 되었으며, 특히 멀리 떨어진 은하일수록 적색 편이가 더 크게 관측되었다.

02 | 허블의 법칙과 우주의 팽창

1. **허블의 법칙** : 허블은 외부 은하의 스펙트럼선들의 적색 편이 현상으로부터 은하의 후퇴 속도를 알아내었다.

   $$V = H \cdot r \, (H : 허블상수)$$ r : 은하까지의 거리

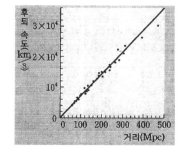

   → 은하의 후퇴 속도는 은하까지의 거리 r 에 비례한다.

   → 거리가 먼 은하일수록 후퇴 속도가 더 빠르다.

2. **우주의 팽창** : 허블의 법칙은 은하들이 서로 멀어지고 있음을 의미하는 것으로 우주가 팽창하고 있음을 나타낸다.

3. 우주의 나이 : 우주의 팽창 속도가 일정하다면

$$V = H \cdot r \, (H : \text{허블상수}) \quad H = \frac{V}{r}, \quad \therefore \ t = \frac{r}{V} = \frac{1}{H}$$

따라서 우주의 나이는 허블 상수의 역수이다.

최근에 측정된 허블 상수, $H \fallingdotseq 73km/s/Mpc$

$\therefore$ 우주의 나이, $t = \dfrac{1}{H} = \dfrac{1}{73km/s/Mpc} = $ 약 138억년

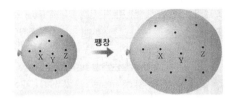 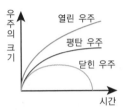

03 | 빅뱅 우주론과 원소의 생성

1. 빅뱅과 원자의 형성

(1) 물질의 구성

모든 물질은 원자로, 원자는 원자핵과 전자로, 원자핵은 양성자와 중성자로, 양성자와 중성자는 쿼크로 이루어져 있다.

▲ 원자　　　▲ 원자핵과 전자　　　▲ 양성자와 중성자　　　▲ 쿼크

(2) 빅뱅 우주론(가모)

우주는 약 138억 년 전 초고온, 초고밀도의 한 점에서 빅뱅(대폭발)으로 시작되었으며 폭발과 함께 물질뿐만 아니라 시간, 공간, 에너지가 생겨났고, 우주가 팽창함에 따라 온도가 낮아지면서 기본 입자(쿼크, 전자 등) → 양성자, 중성자 → 원자핵 → 원자 순으로 입자들이 생성되었다.

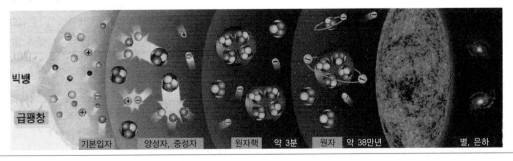

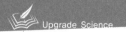

(3) 팽창하는 우주와 물질의 생성

1) 빅뱅 후 10^{-35}초 : 기본 입자인 쿼크(6종)와 전자(렙톤6종) 등이 생성되었다.

① 쿼크 : 업(u, +2/3), 다운(d, −1/3), 참(c), 스트레인지(s), 톱(t), 보텀(b)

② 렙톤(경입자) : 전자(−1), 뮤온, 타우와 그들의 중성미자

2) 빅뱅 후 10^{-6}초 : 쿼크들이 결합하여 양성자와 중성자가 생성되었다.

① 양성자 : 업 쿼크 2개 + 다운 쿼크 1개 → (+)전하를 띤다.

② 중성자 : 업 쿼크 1개 + 다운 쿼크 2개 → 전하를 띠지 않는다.

3) 빅뱅 후 3분 : 양성자는 그 자체로 수소 원자핵이 되었고, 우주의 온도가 10억K로 낮아지면서 다양한 경로로 양성자와 중성자가 결합하여 헬륨 원자핵을 생성하였다.

① 수소 원자핵 : 양성자 1개

② 헬륨 원자핵 : 양성자 2개 + 중성자 2개

▲ 양성자   ▲ 중성자   ▲ 양성자 =수소 원자핵   ▲ 헬륨 원자핵

4) 빅뱅 후 38만년 후

① 원자 생성 : 우주의 온도가 3000K로 낮아지자 수소 원자핵(양성자)과 헬륨 원자핵이 전자와 결합하여 수소 원자(H)와 헬륨 원자(He)를 생성하였다.

수소 원자	헬륨 원자
수소 원자핵(양성자1) + 전자1	헬륨 원자핵(양성자2) + 전자2
⊖ ← 전자 ⊕ ← 양성자	⊖ ← 전자 ⊕⊕ ← 양성자 중성자 ⊖

② 우주 배경 복사 : 빅뱅 약 38만 년 후 빛의 직진을 방해하던 전자들이 원자핵에 붙잡히면서 우주는 투명해졌고, 그동안 갇혀있던 빅뱅 초기의 빛들이 우주 전체로 퍼져 나가게 되었는데, 이 빛을 우주 배경 복사라고 한다.

▲ 불투명한 우주

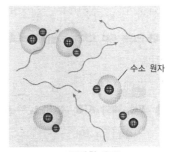

▲ 투명한 우주

2. 빅뱅 우주론의 증거

(1) 우주 초기 수소 원자핵과 헬륨 원자핵의 개수비

빅뱅 우주론에 의하면, 헬륨 원자핵이 만들어지기 전 양성자와 중성자의 개수비는 처음에 약 1 : 1에서 점차 중성자들이 양성자로 전환되어, 헬륨 원자핵 생성 후에는 수소 원자핵(양성자)과 헬륨 원자핵의 개수비가 12 : 1, 질량비로는 3 : 1이 되었다고 한다. 따라서 현재 우주에서도 그 비가 동일하게 3 : 1로 관측되어야 할 것이다.

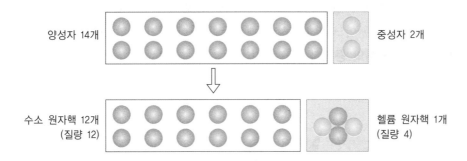

(2) 별빛의 스펙트럼 분석

① 연속 스펙트럼 : 고온의 광원이 빛을 낼 경우 모든 파장 영역에서 연속적인 스펙트럼이 나타난다.

② 흡수 선 스펙트럼 : 고온의 별빛이 저온의 기체를 통과할 때 흡수되는 빛 때문에 나타나며, 연속 스펙트럼에 검은색의 흡수선이 나타난다.

③ 방출 선 스펙트럼 : 고온의 별 주위에서 온도가 높아진 기체가 빛을 방출하는 경우에 나타나며, 검은 바탕에 밝은색의 방출선이 나타난다.

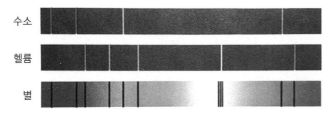

④ 흡수선과 방출선은 같은 원소라면 선의 위치가 같게, 다른 원소라면 서로 다르게 나타나므로, 선 스펙트럼 분석을 통해 별과 우주에 존재하는 원소의 종류를 알아낼 수 있다.

⑤ 스펙트럼에 나타나는 흡수선의 세기는 그 별을 구성하는 원소의 밀도에 비례하므로 각 흡수선의 선폭을 비교하면 원소의 질량비도 알 수 있다.

(3) 관측된 우주의 수소와 헬륨의 질량비

① 관측 : 다양한 별빛의 선스펙트럼 분석을 통해 우주에 존재하는 수소와 헬륨의 질량비가 빅뱅 우주론에서 예측했던 대로 3 : 1로 관측되었다.

② 우주의 수소와 헬륨의 존재비 관측 : **빅뱅 우주론을 지지하는 증거**가 되고 있다.

(4) 우주 배경 복사의 예측과 발견

① 예측 : 빅뱅으로 우주가 팽창하면서 온도가 3000K일 때 분리되어 빠져나온 우주 배경 복사의 파장이 길어져 3K 복사인 마이크로파(전파)로 관측되리라 예측하였다.

② 관측 : 펜지어스와 윌슨이 온도가 약 3K인 물체에서 방출되는 파장과 같은 마이크로파(전파)로 우주 어느 방향에서나 대체로 동일한 세기로 관측됨을 발견하여 현재 **빅뱅 우주론 지지의 증거**가 되고 있다.

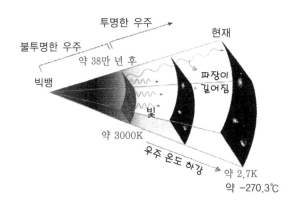

▲ WMAP 위성이 관측한 우주 배경 복사

Exercises

개 ▪ 념 ▪ 원 ▪ 리

01 빛을 내는 물체가 관측자로부터 멀어질 때는 빛의 파장이 길어지는 (   )를 나타내고, 접근할 때는 빛의 파장이 짧아지는 (   )를 나타낸다.

02 허블은 외부 은하의 (   ) 현상을 통하여 은하들이 서로 멀어지고 있으며, 거리가 먼 은하일수록 후퇴속도가 더 빠름을 알아내었다.

03 우주는 138억 년 전 모든 물질과 에너지가 한 점에 모여 대폭발로 시작되었다는 이론을 (   )이라고 한다.

04 원자핵을 구성하는 양성자와 중성자는 (   )로 구성되어 있으며, 양성자는 (   ) 전하를 띠지만 중성자는 전하를 띠지 않는다.

05 원자는 (   )와 (   )가 항상 같은 수로 있으며, (   )는 원자핵 주위를 원운동 한다.

06 빅뱅 약 38만 년 후 빛의 직진을 방해하던 전자가 원자핵에 붙잡히면서 빛이 전자의 방해를 받지 않고 물질을 빠져나와 우주로 퍼져 나갈 수 있게 되었다. 이 때 우주 전체로 빠져나간 빛을 (   )라고 한다.

07 다음의 물질들을 빅뱅 우주론에서 생성된 순서대로 나열하시오.

   (가) 원자핵   (나) 쿼크   (다) 양성자, 중성자   (라) 수소 원자

   (   )

08 빅뱅 후 약 3분이 경과되었을 때 양성자와 중성자로부터 헬륨 원자핵이 형성될 당시 수소 원자핵과 헬륨 원자핵의 질량비는 약 (   )이었다고 한다.

09 별빛의 스펙트럼 분석 결과 현재 우주에 존재하는 수소와 헬륨의 질량비가 약 3 : 1이고, 우주 배경 복사가 어느 방향에서나 대체로 동일한 세기로 관측되는 것은 (   ) 우주론을 지지하는 결정적인 증거가 되고 있다.

정답 1. 적색 편이, 청색 편이   2. 적색 편이   3. 빅뱅 우주론   4. 쿼크, +
      5. 양성자, 전자, 전자   6. 우주 배경 복사   7. 나-다-가-라   8. 3 : 1
      9. 빅뱅

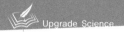

04 | 지구와 생명체를 이루는 원소의 생성

1. 우주, 지구, 생명체를 구성하는 주요 원소

(1) 우주는 빅뱅 초기에 생성된 수소와 헬륨이 98%를 차지하며, 지구에는 철 〉산소 〉규소가, 사람의 몸에는 산소 〉탄소 〉수소가 몸 전체의 대부분을 차지한다.

(2) 지구와 사람의 구성 원소가 다른 이유 : 별의 진화과정에서 만들어진 원소 때문이다.

2. 별의 탄생과 원소의 생성

(1) 가스 구름과 성운

가스 구름은 수소와 헬륨 같은 기체들이 모여 구름과 같은 형태를 이룬 것으로, 가스 구름이 중력의 작용으로 수축을 하여 성운을 형성한다.

▲ 발광 성운   ▲ 반사 성운   ▲ 암흑 성운

(2) 별의 탄생 과정

1) 빅뱅 때 만들어진 수소와 헬륨의 밀도가 높은 곳에서 가스 구름이 형성된다.

2) 가스 구름이 중력의 작용으로 주변의 물질을 끌어 모아 성운이 형성된다.

3) 성운의 밀도가 높은 곳에서 중력 수축으로 온도가 높아지면 원시별이 생성된다.

4) 원시별이 수축을 계속하여 중심부의 온도가 1000만K 이상이 되면 4개의 수소(H) 원자핵이 융합하여 1개의 헬륨(He) 원자핵으로 변하는 수소 핵융합 반응으로 에너지를 방출하는 주계열성이 된다.

가스구름   성운   원시별   별

▲ 중력 수축   ▲ 수소 핵융합 반응

$$4\,\text{H} \longrightarrow \ \text{He} + E \ (\text{에너지}) \qquad E = \triangle mc^2$$

5) **주계열성** : 중심에서 수소 핵융합 반응으로 에너지를 방출하는 별을 말한다. 별은 일생의 가장 긴 기간(약90%)을 주계열성으로 보내므로 관측되는 별의 대부분은 주계열성이다. 현재 태양도 주계열성이다.

6) **주계열성의 크기** : 별의 중심으로 수축하려는 중력과 밖으로 팽창하려는 내부 압력이 균형을 이루어 그 크기가 일정하게 유지된다.

별의 크기 일정 유지
중력 = 내부 압력(안정한 상태)

3. 별의 진화와 원소의 생성

(1) 질량이 태양 정도인 별 : 헬륨, 탄소, 산소 등 가벼운 원소 생성

1) **적색거성** : 별의 중심부에서 수소가 고갈되어 수소 핵융합 반응이 멈추면 중력 수축이 일어나고, 이 때 가열된 바깥층에서는 수소의 핵융합 반응이 일어나 별이 팽창하여 적색거성이 된다. 한편 적색거성의 중심부는 헬륨핵이 수축을 계속하여 온도가 1억K에 도달하면 헬륨의 핵융합 반응으로 탄소나 산소를 생성한다.

2) **행성상 성운과 백색왜성** : 헬륨이 탄소나 산소로 바뀌어 고갈되면, 중심부는 다시 수축을 하여 탄소, 산소로 구성된 백색왜성이 되고, 바깥층은 팽창하여 행성상 성운이 된다.

주계열성 → 적색거성 → 행성상 성운 → 백색왜성

(2) 질량이 태양의 10배 이상인 큰 별

1) **초거성** : 주계열성 이후 별이 매우 팽창하여 초거성이 되며, 초거성의 중심에서 온도가 계속 높아지면 탄소, 산소, 네온, 마그네슘, 규소, 황 등을 거쳐 가장 안정한 원자핵인 **철**까지 생성된다.

2) **초신성** : 별의 중심부에 철이 만들어지고, 핵융합 반응이 멈추면 별은 중력 수축을 한 후 거대한 폭발을 일으켜 초신성이 된다. 이 때 철보다 무거운 **납, 우라늄, 금** 등의 원소가 만들어지고, 이전에 만들어진 원소들과 함께 우주 공간으로 방출되어 새로운 별이나 행성의 재료가 된다.

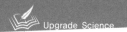

3) **중성자별과 블랙홀** : 초신성 폭발 후 중심부가 수축되어 **중성자별**이 되며, 질량이 태양의 20~30배 이상인 경우에는 빛조차도 빠져나오지 못하는 **블랙홀**이 되기도 한다.

(3) 별의 진화단계와 폭발 과정에서 생성되는 원소

    1) **별의 진화과정에서 생성되는 원소** : 탄소, 산소, 질소, 네온, 마그네슘, 규소, 황, 철

    2) **초신성 폭발로 생성되는 원소** : 납, 우라늄, 금 등

05 | 태양계와 지구의 형성

1. 태양계의 형성

(1) 성운설 : 회전하는 성운의 수축에 의해 태양과 행성들이 형성되었다는 이론이다.

(2) 태양계의 형성과정

    1) **태양계 성운의 형성** : 우리 은하의 나선팔에 있던 거대한 성운이 주변 초신성의 폭발로 인해 여러 성운 조각으로 나누어졌고, 그 중 하나가 태양계 성운이 되었다.

    2) **성운의 수축** : 태양계 성운은 초신성 폭발로 밀도가 큰 부분을 중심으로 수축하면서 회전하기 시작하였다.

    3) **원시 태양과 원반 모양의 형성** : 성운이 수축하면서 중심부의 온도가 높아져 원시 태양이 생성되었고 바깥쪽에서는 회전속도가 빨라지면서 납작한 형태의 원시 원반 모양이 되었다.

    4) **미행성체의 형성** : 원시 태양의 중심부는 온도가 더욱 높아졌고, 회전하는 원반으로 모여든 티끌, 얼음 등이 뭉쳐져 수많은 미행성체를 형성하였다.

    5) **원시 행성의 형성** : 미행성체들은 서로 충돌하며 커져 원시 행성이 되었고, 점차 성장하여 행성이 되었다. 남은 가스와 먼지들은 태양풍에 의해 태양계 밖으로 밀려났다.

▲태양계 성운의 형성　　▲원반 모양의 성운 형성　　▲원시 태양과 미행성의 형성　　▲원시 행성의 형성

(3) 성운설의 증거

    1) 태양이 태양계의 중심이며, 태양계 전체 질량의 99.8%를 차지한다.

    2) 태양의 자전 방향과 행성들의 공전방향이 서로 같다.

    3) 태양계를 구성하는 행성들의 나이가 거의 비슷하다.

    4) 행성들의 공전 궤도면이 거의 일치한다.

2. 행성의 종류

(1) 지구형 행성(암석) : 수성, 금성, 지구, 화성

원시 태양으로부터 거리가 가까워 온도가 높았으므로 가벼운 기체는 대부분 날아가고 철, 니켈, 규소와 같은 녹는점이 높은 밀도가 큰 미행성체를 형성하였고, 이들의 충돌로 지구형 행성이 형성되었다.

(2) 목성형 행성(가스) : 목성, 토성, 천왕성, 해왕성

태양으로부터 거리가 멀어 온도가 낮았으므로 얼음과 메테인, 암모니아 등으로 둘러싸인 금속 또는 암석 티끌 등이 응집되어 미행성체들을 형성하였고, 서로 충돌하면서 주변의 수소와 헬륨 같은 가벼운 기체들을 끌어당겨 목성형 행성을 형성하였다.

구분	반지름	질량	평균 밀도	자전 주기	위성수	고리	표면 상태	주요 성분	대기 성분
지구형 행성	작다	작다	크다	길다	없거나 적다	없다	고체	Fe, Si, O	N_2, O_2, CO_2
목성형 행성	크다	크다	작다	짧다	많다	있다	기체	H, He	H_2, He, NH_3, CH_4

(3) 행성의 특징

    1) **수성** : 대기가 없어 낮과 밤의 기온차가 크며, 운석 구덩이가 많다. 약 400℃

    2) **금성** : 95기압의 CO_2 대기, 샛별, 온실 효과가 매우 크게 일어난다. 약 500℃

    3) **화성** : 붉은색, 극관, 계절, 물 흐른 강의 흔적들이 있다.

    4) **목성** : 가장 크고, 적도 아래에 붉은 대적점이 있다.

    5) **토성** : 고리가 가장 뚜렷하며, 위성 수가 가장 많다.

3. 지구의 형성과 생명체 탄생

(1) 원시 지구의 형성

    1) **원시 지구의 형성** : 미행성체의 충돌과 병합에 의해 원시 지구가 형성되었고, 크기와 질량도 증가하였다.

2) **마그마 바다의 형성** : 미행성체의 충돌 열로 액체 상태의 마그마 바다가 형성되었다.

3) **핵과 맨틀의 분리** : 무거운 철과 니켈 등이 가라앉아 중심부의 핵을 형성하였고, 가벼운 규소, 산소 등의 물질은 떠올라 맨틀을 형성하였다.

4) **원시 지각과 바다의 형성** : 미행성체의 충돌이 감소하면서 온도가 낮아져 지각이 형성되었고, 대기 중의 수증기가 비로 내려 원시 바다가 형성되었다.

5) **원시 지구 대기의 진화** : 미행성체의 충돌과 화산 활동에 의해 분출된 기체가 원시 대기의 주성분이 되었다.

6) **생명체의 출현** : 바다에서 최초로 생명체가 탄생하였다.

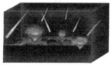
▲ 미행성 충돌

▲ 마그마 바다

▲ 원시 지각과 바다 형성

▲ 원시 지구 대기 형성

(2) 원시 대기의 변화

1) **기권의 형성** : 가벼운 기체인 H_2와 He은 대부분 지구를 탈출하였고, 화산 활동으로 분출된 기체가 원시 대기를 형성하였다.

2) **원시 대기** : 수증기(H_2O), 이산화탄소(CO_2), 질소(N_2), 메테인(CH_4), 암모니아(NH_3)

3) **원시 대기의 조성 변화**

① 질소의 변화 : 화산 분출과 암모니아(NH_3)의 광분해 등으로 생성된 질소(N_2)는 반응성이 작고 안정하여 양에 큰 변화가 없이 현재까지 유지되고 있다.

② 이산화탄소의 변화 : 대기 중의 이산화탄소는 바다에 녹아들어가 석회암($CaCO_3$)이 되었고, 식물의 광합성에 의해 더욱 양이 감소하였다.

③ 산소(O_2)의 증가 : 약 25억 년 전에 바다 속에 해조류가 출현하면서 광합성을 시작하여 산소의 양이 증가하였고, 약 10억 년 전부터 대기 중에 축적되기 시작하였다. 산소의 양이 증가함에 따라 오존층이 형성되어 태양으로부터 오는 자외선을 차단해 줌으로써 육상 생물이 출현하게 되었다.

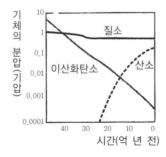

01 원시별의 중심부에서 중력 수축이 계속되어 중심부의 온도가 1000만 K에 이르면 (　　　　) 반응으로 에너지를 생성하는 (　　　)이 된다.

02 수소 핵융합 반응으로 에너지를 방출하는 주계열성은 별의 중심으로 수축하려는 (　　)과 밖으로 팽창하려는 내부 압력이 균형을 이루어 크기가 일정하게 유지된다.

03 별의 중심부에서 수소가 고갈되어 수소 핵융합 반응이 멈추면 중력 수축이 일어나고, 이때 수축할 때 발생된 열에 의해 가열된 바깥층에서는 수소 핵융합 반응이 일어나 내부압력의 증가로 팽창을 계속하여 붉은색의 (　　　) 이 된다.

04 초거성의 중심부에서 핵융합 반응으로 생성될 수 있는 가장 무겁고 안정한 원소는 (　　　)이고, 이보다 더 무거운 원소는 (　　　) 폭발 때 만들어진 것이다.

05 별의 중심부에서 철이 만들어지고 핵융합 반응이 멈추면, 별은 급격하게 수축하다가 폭발을 일으켜 (　　　)이 된다.

06 초신성이 폭발하고 남아 중심부의 질량이 매우 클 경우, 빛조차도 탈출하지 못하는 (　　　　)이 된다.

07 암석으로 이루어진 수성, 금성, 지구, 화성을 (　　　) 행성, 가스로 이루어진 목성, 토성, 천왕성, 해왕성을 (　　　) 행성이라고 한다.

08 지구형 행성은 목성형 행성에 비해 (　　　　)와 (　　　　)가 큰 것이 특징이다.

09 지구 초기 원시 대기의 주성분은 수증기(H_2O), 이산화탄소(CO_2), 질소(N_2), 메테인(CH_4), 암모니아(NH_3) 등이며 (　　　　)는 원시 대기 성분이 아니고, 광합성 생물이 출현한 이후에 증가하게 된 기체이다.

정답   1. 수소 핵융합, 주계열성   2. 중력   3. 적색거성   4. 철, 초신성
5. 초신성   6. 블랙홀   7. 지구형, 목성형   8. 밀도, 자전 주기
9. 산소(O_2)

02 물질의 규칙성

01 | 원소의 주기성

1. 원소와 주기율표

(1) 원소 : 물질을 구성하는 기본적인 성분이다.

    1) 현재까지 110여종이 알려져 있다.

    2) 물질은 한 종류의 원소만으로 구성되기도 하지만, 여러 종류의 원소들이 화학 결합을 하여 구성되기도 한다.

(2) 주기율의 역사

    1) **되베라이너(1817년)** : 성질이 비슷한 원소들을 3개씩 발견하여 세쌍 원소라 이름하였고, 세 원소의 원자량 사이에 일정한 규칙이 있음을 발견하였다.

    2) **멘델레예프(1869년)** : 당시에 알려진 63종의 원소를 원자량 순으로 배열한 최초의 주기율표를 만들었으나, 몇몇 원소들의 성질이 주기성을 벗어나는 문제점이 있었다.

    3) **모즐리(1913년)** : 원소를 원자량이 아닌 원자 번호(양성자 수)순으로 배열하여 현대의 주기율표를 완성하였다.

2. 현대의 주기율표(모즐리)

(1) 주기율 : 원소들을 원자번호 순서로 나열할 때 화학적 성질이 비슷한 원소들이 일정한 간격으로 반복되어 나타나는 현상이다.

(2) 주기 : 주기율표의 가로줄을 말하며, 1~7주기까지 있다.

    – 같은 주기에 속하는 원소들은 모두 같은 수의 전자껍질을 갖는다.

(3) 족 : 주기율표의 세로줄을 말하며, 1~18족까지 있다.

    – 같은 족에 속하는 원소들은 원자가 전자수가 같아 비슷한 화학적 성질을 갖는다.

(4) 금속과 비금속 원소 : 주기율표의 왼쪽과 가운데는 주로 금속 원소가, 오른쪽에는 주로 비금속 원소가 위치한다.

(5) 준금속 : 금속과 비금속 사이에 위치한 원소로, 금속과 비금속의 중간 성질을 갖는다.

예 붕소(B), 규소(Si), 저마늄(Ge) 등

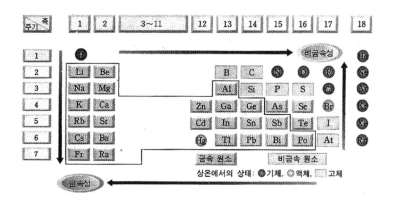

구분	금속 원소	비금속 원소
특징	· 대부분 특유의 광택이 있다. · 열과 전기를 잘 통한다. · 외부에서 힘을 가해도 부서지지 않으며, 길게 뽑거나 넓게 펼 수 있다.	· 금속과 달리 광택이 없다. · 열과 전기를 잘 통하지 않는다. (단, 흑연 제외)
실온에서의 상태(25℃)	대부분 고체 (단, 수은 제외)	대부분 기체 or 고체 (단, 브로민 제외)
몇몇 원소의 이용 예	· 철 : 회백색이며, 자동차, 선박, 각종 건축자재로 사용되며, 부식되는 단점이 있다. · 구리 : 붉은색이고, 특히 전기를 잘 통하므로 전선의 재료로 많이 이용된다. · 알루미늄 : 은백색이고, 가벼워서 호일, 음료 캔, 창틀 재료로 이용된다. · 질소 : 반응성이 작아 식품 포장 충전 기체로 많이 이용된다. · 산소 : 반응성이 크며, 물질의 연소, 생명체의 호흡에 이용된다. · 수소 : 폭발성이 있으며, 우주 왕복선, 연료 전지의 원료로 이용된다. · 헬륨 : 반응성이 작아 풍선(벌룬) 등에 이용한다.	

3. 원소들의 주기성이 나타나는 이유 (전자배치)

(1) 원자의 구조

  1) 원자 = 원자핵(양성자, 중성자) + 전자

  2) 원자번호 = 양성자수 = 전자수

  ∴ 원자는 전기적으로 중성이다.

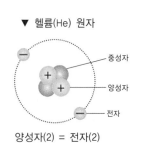

▼ 헬륨(He) 원자

양성자(2) = 전자(2)

(2) 원자의 전자배치

1913년 보어(Bohr)는 원자핵 주위의 전자가 특정한 에너지 준위의 궤도를 따라 원운동한다는 원자 모형을 제안했는데, 이 궤도를 전자껍질이라고 말한다.

1) 전자 배치의 원리

① 전자는 원자핵에서 가장 가까운 전자껍질부터 차례로 배치된다.

② 각 전자껍질에 최대로 배치될 수 있는 전자 수는 껍질마다 다르다.

③ **각 전자껍질의 최대 배치 전자수**

구 분	첫 번째 전자껍질	두 번째 전자껍질	세 번째 전자껍질
최대 배치 전자수	2개	8개	18개

④ 원자가 전자 : 가장 바깥쪽 전자껍질에 배치되어 있는 전자로, 원소의 화학적 성질을 결정하며, 같은 족 원소들은 원자가 전자수가 같아 화학적 성질이 서로 유사하다.

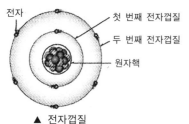

전자
첫 번째 전자껍질
두 번째 전자껍질
원자핵

▲ 전자껍질

원자	H	He	C	N	O	F
총 전자	1개	2개	6개	7개	8개	9개
전자 배치 (+ :원자핵)	+	2+	6+	7+	8+	9+
원자가 전자	1개	0개	4개	5개	6개	7개

2) 원소들이 주기성을 갖는 이유 : 원자번호가 증가할수록 원소의 화학적 성질을 결정하는 원자가 전자수가 주기적으로 반복되어 나타나기 때문이다.

4. 원소들의 주기성

(1) 알칼리 금속의 특징

1) 주기율표의 1족에 속하는 원소(H 제외)

– 리튬(Li), 나트륨(Na), 칼륨(K), 루비듐(Rb)...

2) 상온에서 모두 고체이며, 은백색 광택을 띤다.

3) 다른 금속에 비해 밀도가 작고, 칼로 잘라질 정도로 무른 금속이다.

4) 알칼리 금속은 원자가 전자수가 1개로, 전자 1개를 잃고 +1가 양이온이 되기 쉽다.

5) 반응성이 커서 공기 중의 산소와 빠르게 반응하여 광택을 잃는다.

$$4Na + O_2 \rightarrow 2Na_2O$$

6) 상온에서 물과도 격렬하게 반응하여 수소를 발생시키고, 남은 용액은 염기성을 나타 낸다.

$$2Na + 2H_2O \rightarrow 2NaOH + H_2\uparrow$$

7) 할로젠 원소와도 격렬하게 반응한다.

$$2Na + Cl_2 \rightarrow 2NaCl$$

▼ 물과 Na의 반응

8) **보관** : 반응성이 크므로 물과 산소의 접촉을 막기 위해 석유, 액체 파라핀 등에 넣어 보관한다.

9) **반응성** : 원자번호가 클수록 반응성이 크다.
   – 리튬(Li) 〈 나트륨(Na) 〈 칼륨(K) 〈 루비듐(Rb)...

알칼리 금속	Li	Na	K
칼로 자른 후 단면의 변화	광택이 서서히 사라짐	광택이 금방 사라짐	광택이 빠르게 사라짐
물에 넣었을 때의 변화	빠르게 반응	격렬하게 반응	매우 격렬하게 반응
페놀프탈레인 용액을 넣었을 때	붉게 변함	붉게 변함	붉게 변함
생활 속의 이용	휴대전화 배터리	도로, 터널 안의 조명	칼륨 비료

(2) 할로젠 원소의 특징

1) 주기율표의 17족에 속하는 비금속 원소
   – 플로오린(F), 염소(Cl), 브로민(Br), 아이오딘(I)

2) 상온에서 2원자 분자로 존재하며, 특유의 색깔을 띤다.

3) 할로젠 원소는 원자가 전자수가 7개로, 전자 1개를 얻어 -1가 음이온이 되기 쉽다.

4) 반응성이 매우 커서 알칼리 금속이나 수소와 잘 반응한다.

$$2Na + Cl_2 \rightarrow 2NaCl \qquad H_2 + F_2 \rightarrow 2HF$$

5) **반응성** : 원자번호가 작을수록 반응성이 크다.

$$F_2 \ 〉 \ Cl_2 \ 〉 \ Br_2 \ 〉 \ I_2$$

▲ 염소, 브로민, 아이오딘

할로젠 원소	F_2	Cl_2	Br_2	I_2
색깔 및 상온 상태	옅은 황색 기체	황록색 기체	적갈색 액체	보라색 고체
Na, 수소와의 반응	매우 격렬하게 반응	격렬하게 반응	빠르게 반응	반응
생활 속의 이용	충치 예방용 치약	물의 살균, 소독	사진 필름	상처 치료용 소독약

Exercises

01 원소를 나열할 때 화학적 성질이 비슷한 원소가 주기적으로 나타나는 현상을 (   )이라고 한다.

02 현재 우리가 사용하는 주기율표는 모즐리의 주기율표로 (   ) 순서대로 나열한 것이다.

03 모즐리의 주기율표에서 가로줄은 (   )라 하고, 세로줄은 (   )이라고 하는데, 가로줄은 전자껍질 수가 같은 원소들이고, 세로줄은 서로 화학적 성질이 비슷한 원소들이다.

04 금속 원소들은 주로 주기율표의 왼쪽 아래에 위치하며, (   )과(와) (   )을(를) 잘 통하는 반면 비금속 원소들은 주기율표의 오른쪽에 위치하며, 열과 전기를 통하지 않는다.

05 금속 원소들은 대체로 전자를 잃고 (   )이 되려고 하지만, 비금속 원소들은 전자를 얻어 (   )이 되려는 경향이 크다.

06 알칼리 금속은 칼로 잘라지는 무른 금속이고, 공기 중의 (   )와 빠르게 반응하며, 상온의 물과도 격렬하게 반응하여 (   )를 발생시키고, 남은 용액은 (   )을 나타낸다.

07 할로젠 원소들은 주기율표의 17족에 속하는 원소로 상온에서 (   ) 분자로 존재하고, 특유의 색깔을 띠며, 그 중에서 반응성이 가장 큰 원소는 (   )이다.

08 1913년 보어(Bohr)는 원자핵 주위의 전자가 특정한 에너지 준위의 궤도를 따라 원운동 한다는 원자 모형을 제안했는데, 이 궤도를 (   )이라고 말한다.

09 원자의 가장 바깥쪽 전자껍질에 배치되어 있는 전자를 (   )라 하며, 원소의 화학적 성질을 결정하고, 같은 족 원소들은 이것의 수가 같아 화학적 성질이 서로 유사하다.

정답   1. 주기율   2. 원자번호   3. 주기, 족   4. 열, 전기
5. 양이온, 음이온   6. 산소, 수소, 염기성   7. 2원자, 플루오린(F_2)   8. 전자껍질
9. 원자가 전자

02 | 화학 결합과 물질의 생성

1. 화학 결합을 형성하는 이유

(1) 비활성 기체(18족)의 전자 배치

    1) 주기율표의 18족에 속하는 원소 : 헬륨(He), 네온(Ne), 아르곤(Ar) 등

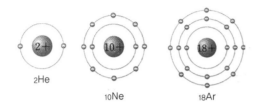

    2) 18족 원소가 안정한 이유 : 가장 바깥쪽 전자껍질에 8개(단, 헬륨 2개)의 전자가 채워져 안정한 전자 배치를 이루기 때문이다. (옥텟 규칙)

    따라서 반응성이 거의 없어 안정하며, 1원자 분자로 존재한다.

비활성 기체	헬륨(He)	네온(Ne)	아르곤(Ar)
생활 속의 이용	풍선, 광고용 벌룬	광고판, 네온사인	형광등 기체

(2) 화학 결합을 형성하는 이유 : 18족 이외의 원소들은 불안정하므로, 다른 원소와 화학 결합을 통하여 비활성 기체와 같은 전자 배치를 하여 안정해지려고 한다.

2. 화학 결합의 종류

(1) 이온 결합 : 양이온과 음이온 사이의 정전기적 인력에 의한 결합

이온 결합 = 금속 원소의 원자 + 비금속 원소의 원자

    1) 이온의 형성

      ① 금속 원소의 원자 : 가장 바깥쪽의 원자가 전자를 잃고 양이온이 되려 한다.

      ② 비금속 원소의 원자 : 가장 바깥쪽에 전자를 얻어 음이온이 되려 한다.

      → 각각 비활성 기체의 전자 배치를 이루게 된, 양이온과 음이온이 정전기적 인력에 의해 결합을 형성한다.

    2) 이온 결합의 형성

      ① 나트륨 원자(Na) + 염소 원자(Cl) → 염화나트륨(NaCl)

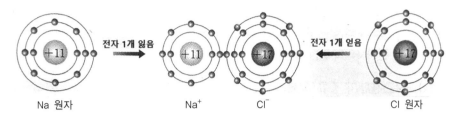

Na 원자   Na⁺   Cl⁻   Cl 원자

② 칼슘 원자(Ca) + 염소 원자(2Cl) →   염화칼슘($CaCl_2$)

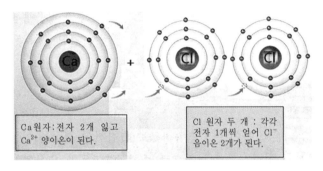

Ca원자 : 전자 2개 잃고 Ca^{2+} 양이온이 된다.

Cl 원자 두 개 : 각각 전자 1개씩 얻어 Cl^- 음이온이 2개가 된다.

(2) 공유 결합 : 비금속 원자들이 원자가 전자를 각각 내놓고 전자쌍을 공유하여 형성하는 결합 → 각각의 원자들은 비활성 기체와 같은 전자 배치를 이루려 한다.

공유 결합 = 비금속 원소의 원자 + 비금속 원소의 원자

1) 공유 전자쌍과 비공유 전자쌍

  ① 공유 전자쌍 : 두 원자에 공유되어 결합에 참여하는 전자쌍

  ② 비공유 전자쌍 : 공유 결합에 참여하지 않은 전자쌍

2) 공유 결합의 형성

  ① H_2, H_2O 분자의 공유 결합

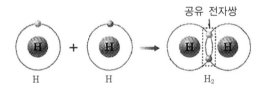

공유 전자쌍

H   H H_2

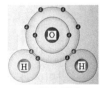

▲ H_2O 분자

  ② O_2, CO_2, N_2 분자의 공유 결합

산소(O_2)	이산화탄소(CO_2)	질소(N_2)
이중 결합 O=O	O=C=O	삼중 결합 N≡N
공유 전자쌍 총 2개 이중 결합 총 1개	공유 전자쌍 총 4개 이중 결합 총 2개	공유 전자쌍 총 3개 삼중 결합 총 1개

3) **극성과 무극성 분자의 판별** : 대체로 일직선, 대칭 구조는 무극성 분자이며, 굽은형, 비대칭 구조는 극성 분자이다.

4) **공유 결합의 종류와 세기**
① 단일 결합 : 두 원자가 1쌍의 전자를 공유하는 결합을 말한다.
② 이중 결합, 삼중 결합 : 두 원자가 2쌍, 3쌍의 전자를 공유하는 결합을 말한다.
③ 결합의 수와 결합의 세기 : 일반적으로 결합의 수가 많을수록 결합의 세기가 강하다.
– 단일 결합 〈 이중 결합 〈 삼중 결합

3. 우리 주변의 다양한 물질

(1) 이온 결합 물질

1) 실제로는 양이온과 음이온이 연속적으로 결합하여 결정을 이룬다.
2) **이온 결합물의 화학식** : 전기적으로 중성, 양이온과 음이온의 개수비를 가장 간단한 정수비로 표시한다. 예 염화나트륨

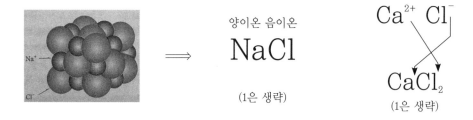

양이온 음이온
$$NaCl$$
(1은 생략)

$$Ca^{2+} \quad Cl^{-}$$
$$CaCl_2$$
(1은 생략)

3) **이온 결합 물질의 특징**
① 양이온과 음이온 간의 정전기적 인력에 의한 결합이므로 녹는점과 끓는점이 높다.
② 상온에서 결정을 이루어 단단하지만, 힘을 가하면 쉽게 쪼개지거나 부서진다.

③ 고체에서는 전기 전도성이 없으나 액체나 수용액 상태에서는 전기 전도성이 있다.
– 양이온과 음이온으로 나누어진 이온들이 자유롭게 이동할 수 있기 때문이다.

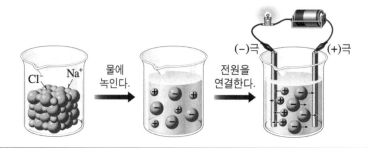

4) 이온 결합 물질의 이용

물질	특징	물질	특징
염화나트륨(NaCl)	소금의 주성분	수산화마그네슘(Mg(OH)$_2$)	제산제의 주성분
수산화나트륨(NaOH)	비누 제조에 사용	염화칼슘(CaCl$_2$)	습기 제거제, 제설제
탄산칼슘(CaCO$_3$)	산호초, 조개, 달걀껍데기 성분	탄산수소나트륨(NaHCO$_3$)	베이킹파우더의 주성분

(2) 공유 결합 물질

– 원자들이 전자쌍을 공유하여 생성된 물질이다.

1) 공유 결합 물질의 특징

① 분자 사이의 결합력이 약해, 실온에서 액체나 기체이며, 녹는점, 끓는점이 비교적 낮다.

② 대부분 물에 잘 녹지 않지만 설탕, 염화수소, 암모니아 등은 물에 녹는다.

③ 물에 녹아도 대부분 중성인 분자 상태로 존재, 전하를 띠는 입자가 없어 전기 전도성이 없다. (단, 흑연과 염화수소, 암모니아는 제외)

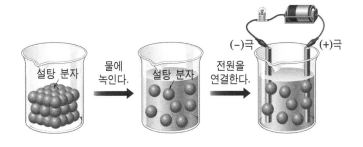

2) 공유 결합 물질의 이용

물질	특징	물질	특징
설탕(C$_{12}$H$_{22}$O$_{11}$)	음식의 조미료	뷰테인(C$_4$H$_{10}$)	휴대용 가스연료
에탄올(C$_2$H$_6$O)	소독용, 술 제조	아스피린(C$_9$H$_8$O$_4$)	의약품(해열제)

Exercises

01 원소들이 화학 결합을 형성하는 이유는 (   ) 원소와 같은 안정한 전자 배치를 하려하기 때문이다.

02 중성 원자가 전자를 잃으면 (   )이 되고, 전자를 얻으면 (   )이 된다.

03 염화나트륨과 같이 양이온과 음이온 사이의 정전기적 인력에 의한 결합을 (   )이라 한다.

04 산소, 염소, 질소, 물 등과 같이 주로 비금속 원소끼리 전자를 공유하여 형성되는 결합을 (   )이라 한다.

05 공유 결합의 종류 중 결합의 수가 가장 많아 결합의 세기가 가장 강한 결합은 (   )이다.

06 다음의 물질을 이온 결합과 공유 결합으로 구분하시오.

   (가) 물(H_2O)   (나) 염화칼슘($CaCl_2$)   (다) 질소(N_2)   (라) 염화나트륨($NaCl$)

   (이온 결합 :   공유 결합 :   )

07 Mg원자와 Cl원자가 이온 결합을 형성했을 때의 화학식은 (   )이다.

08 이온 결합물인 소금($NaCl$)은 고체 상태에서는 전기 전도성이 (   )으나, 액체나 수용액 상태에서는 전기 전도성이 (   )다.

09 공유 결합물은 물에 녹아도 대부분 중성인 (   ) 상태로 존재하므로, 전하를 띠는 입자가 없어 전기 전도성이 (   )다.

10 다음은 화학 결합으로 형성된 여러 물질들이다. 물음에 답하시오.

   (가) 물(H_2O)   (나) 염화마그네슘($MgCl_2$)   (다) 산소(O_2)   (라) 염화나트륨($NaCl$)

   (1) 고체 상태에서 전기 전도성이 있는 물질은? (   )
   (2) 액체 또는 수용액 상태에서 전기 전도성이 있는 물질은? (   )

정답 1. 18족   2. 양이온, 음이온   3. 이온 결합   4. 공유 결합
5. 삼중 결합   6. 이온 결합 : 나, 라 ‖ 공유 결합 : 가, 다   7. $MgCl_2$
8. 없, 있   9. 분자, 없   10. (1) 없다. (2) 나, 라

자연의 구성 물질

01 | 지각과 생명체의 구성 물질

1. 지각과 생명체의 구성 원소 비교

순위	지 각		생 명 체	
	원소	비율(%)	원소	비율(%)
1	O	46.6	O	62.0
2	Si	27.7	C	20.0
3	Al	8.1	H	10.0
4	Fe	5.0	N	3.0

(1) 지각과 생명체에서 산소(O)의 비율이 높은 이유

- 산소(O)는 반응성이 커서 탄소(C), 수소(H), 규소(Si) 등 다른 원소들과 쉽게 결합하여 다양한 물질을 만들 수 있기 때문이다.

(2) 지각에는 규소(Si)가, 생명체에는 탄소(C)의 비율이 두 번째로 높은 이유

- 지각을 구성하는 광물은 대부분 규소(Si)와 산소(O)로 이루어진 규산염 광물이며, 생명체는 물과 소량의 무기물을 제외하면 단백질, 지질, 핵산, 탄수화물 등 탄소(C)를 골격으로 하는 탄소 화합물로 이루어졌기 때문이다.

2. 지각을 구성하는 물질의 결합 규칙성

(1) 규산염 광물 : 규소(Si)와 산소(O)로 이루어진 규산염 사면체를 기본 구조로 하여 형성된 광물

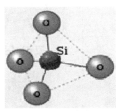

Si-O 사면체

① 규소는 14족 원소로 원자가 전자가 4개이므로 최대 4개의 산소 원자와 공유 결합이 가능하다.

② 규산염 사면체는 Si^{4+}와 4개의 O^{2-}가 결합하여 전체 −4의 음전하를 띠므로 인접한 양이온과 결합하거나 각 사면체의 모든 산소를 다른 규산염 사면체와 공유하여 전기적으로 중성이 된다.

(2) 규산염 광물의 결합 규칙성

구분	독립형 구조	단사슬 구조	복사슬 구조	판상 구조	망상 구조
결합 형태	◯ O 원자 ● Si 원자				
특징	사면체 1개로 이루어진 독립 사면체 구조	사면체가 1 줄로 길게 이어진 단일 사슬 구조	사면체가 2줄로 길게 이어진 2중 사슬 구조	사면체가 산소 3개를 공유하여 평면으로 넓게 판 모양 구조	사면체가 산소 4개를 모두 공유한 3차원 입체 구조
광물	감람석	휘석	각섬석	흑운모	석영, 장석

3. 생명체를 구성하는 물질의 결합 규칙성

(1) 탄소 화합물 : 탄소(C)를 중심 원소로 하여 수소, 산소, 질소 등이 결합하여 형성된 물질

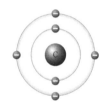

탄소는 14족 원소로 원자가 전자가 4개이므로 최대 4개의 다른 원자와 공유 결합을 형성할 수 있다.

(2) 생명체에서 탄소가 중요한 역할을 하는 이유

→ 탄소는 연속적인 결합이 가능하여 생명체를 구성하는 다양한 물질을 형성할 수 있기 때문이다.

(3) 탄소 화합물의 결합 규칙성

구분	단일 결합	이중 결합	삼중 결합
결 합	C—C	C=C	C≡C
모 양	**사슬 모양**	**가지 모양**	**고리 모양**
다양한 형태			

02 | 생명체를 구성하는 탄소 화합물

1. 생명체 구성 물질 중 무기물

(1) 물 : 생명체를 구성하는 물질 중 가장 많은 양을 차지하며, 비열이 커서 체온 조절에 유리하고, 영양소, 호르몬, 노폐물 등의 운반에도 관여한다.

▲ 사람의 구성 물질

(2) 무기염류 : 나트륨(Na), 칼슘(Ca), 칼륨(K) 등으로 다양한 생리 작용을 조절하는 데 관여한다.

2. 생명체 구성 탄소 화합물의 규칙성

(1) 탄수화물 : 구성 원소는 C, H, O이며, 단위체는 포도당이다. 주 에너지원(4kcal/g)이며, 종류로는 포도당, 엿당, 녹말, 글리코젠, 셀룰로스 등이 있다.

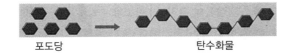

포도당   탄수화물

(2) 단백질 : 구성 원소는 C, H, O, N이며, 단위체는 아미노산(20종)이다.

   1) 단백질의 기능

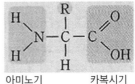
아미노기   카복시기
▲ 아미노산의 구조

     ① 근육, 연골, 손톱, 세포막 등 몸을 구성하는 성분이며, 에너지원(4kcal/g)이다.

     ② 효소와 호르몬의 주성분으로 체내의 대사 작용을 조절한다.

     ③ 항체, 헤모글로빈 등의 단백질은 몸을 보호하거나 산소 운반에 관여한다.

   2) 단백질의 형성 과정

     ① 아미노산의 수, 종류, 결합 순서에 따라 다양한 종류의 단백질이 만들어진다. 아미노산이 펩타이드 결합에 의해 연결되어 긴 사슬 모양의 폴리펩타이드가 만들어지고, 아미노산의 배열 순서에 따라 독특한 입체 구조를 갖게 되며, 단백질의 기능은 이 입체 구조에 의해 결정된다.

     ② 펩타이드 결합 : 두 아미노산의 연결부분으로 물(H_2O)이 빠져나오면서 연결된다.

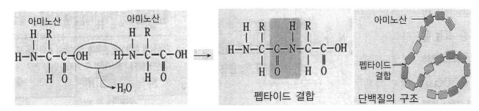

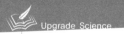

(3) 핵산(DNA, RNA) : 유전 물질이며 구성 원소는 C, H, O, N, P이고, 단위체인 뉴클레오타이드(인산, 당, 염기 = 1 : 1 : 1)가 공유 결합으로 길게 연결된 구조이다.

▲ 뉴클레오타이드

1) 핵산의 기능

　① DNA : 유전 정보를 저장하며, 이 유전 정보에 따라 다양한 단백질이 합성된다.
　　　　　 또한 생식 세포 분열을 통해 다음 세대로 유전 정보를 전달한다.
　② RNA : DNA의 유전 정보를 전달하거나 단백질 합성 과정에 직접 관여한다.
　　· mRNA : DNA의 유전 정보를 세포질의 리보솜으로 전달한다.
　　· tRNA : mRNA에 저장된 유전 정보에 따라 아미노산을 리보솜에 운반한다.

2) 핵산의 2중 나선 구조 형성 과정

　DNA는 두 가닥의 폴리뉴클레오타이드가 서로 마주보며 꼬여있는 2중 나선 구조를 하고 있다. 바깥쪽에는 인산-당 골격이 위치하며, 안쪽에는 염기가 서로 수소 결합으로 쌍을 이루고 있다. 이때 염기의 구조상 아데닌은 타이민(A=T)과, 구아닌은 사이토신(G≡C)과만 상보적으로 결합한다.

구분	DNA	RNA
당	디옥시리보스	리보스
염기	아데닌(A), 구아닌(G), 사이토신(C), 타이민(T)	아데닌(A), 구아닌(G), 사이토신(C), 유라실(U)
분자 구조	2중 나선 구조	단일 가닥 구조
기능	유전 정보의 저장	DNA 유전 정보의 전달

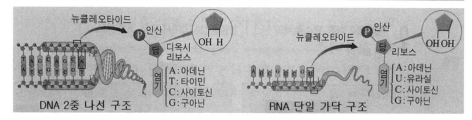

(4) 지질 : 구성 원소는 C, H, O이며, 물에 녹지 않고 유기 용매에 잘 녹으며, 중성 지방, 인지질, 스테로이드 등이 있다.

　1) 중성지방 : 에너지원(9kcal/g)이며, 3분자의 지방산과 1분자의 글리세롤로 되어 있다.
　2) 인지질 : 세포막이나 핵막과 같은 생체막의 주성분이다.
　3) 스테로이드 : 성호르몬의 주성분이다.

Exercises

01 지각을 구성하는 석영, 장석 등의 광물은 대부분 (　　　) 광물로 구성되어 있는 반면, 생명체를 구성하는 물질은 단백질, 지질, 핵산 등 (　　　) 화합물로 이루어져 있다.

02 규산염 사면체는 규소 (　　)개와 산소 (　　)개로 이루어져 있으며, 특히 사면체의 산소 3개가 공유하며 평면으로 넓게 판 모양의 구조를 형성하는 광물로는 (　　　)가 있다.

03 탄소 원자는 원자가 전자가 (　)개 이므로 최대 (　)개의 다른 원자와 공유 결합을 형성할 수 있어서, 생명체를 구성하는 다양한 물질을 형성할 수 있다.

04 생명체를 구성하는 물질 중 가장 많은 양을 차지하는 것은 (　　　)이며, 비열이 커서 체온 조절에 유리하고, 영양소, 호르몬, 노폐물 등의 운반에도 관여한다.

05 탄수화물은 단위체가 (　　　)이며, 주에너지원(4kcal/g)이고, 종류로는 포도당, 엿당, 녹말, 글리코젠, 셀룰로스 등이 있다.

06 단백질은 단위체가 20여 종의 (　　　)이고, 에너지원이며 몸의 구성 성분이고, 효소, 항체, 호르몬의 주성분이기도 하다.

07 아미노산의 수, 종류, 결합 순서에 따라 다양한 종류의 단백질이 만들어지며, 두 아미노산의 연결 부분을 (　　　) 결합이라 한다.

08 DNA는 (　　) 물질이며 구성 원소는 C, H, O, N, P이고, 단위체는 뉴클레오타이드이다. DNA는 두 가닥의 폴리뉴클레오타이드가 서로 마주보며 꼬여있는 (　　　) 구조를 형성하고 있다.

09 DNA와 RNA의 염기 중 아데닌(A), 구아닌(G), 사이토신(C)은 공통으로 존재하나 RNA는 타이민(T) 대신에 (　　　) 염기를 갖는 것이 차이점이다.

10 중성 지방은 3분자의 지방산과 1분자의 글리세롤로 되어 있으며, 에너지원이고 1g당 (　　　)의 가장 많은 열을 낸다.

정답　1. 규산염, 탄소　　2. 1, 4, 흑운모　　3. 4, 4　　4. 물
　　　5. 포도당　　　　6. 아미노산　　　7. 펩타이드　　8. 유전, 2중 나선
　　　9. 유라실(U)　　　10. 9kcal

04 신소재

01 | 신소재와 우리 생활

신소재 : 기존 소재의 화합물 조성이나 결합 구조를 변화시켜 새로운 성질을 띠게 만든 물질

1. 전기적 성질에 따른 물질의 분류와 신소재

(1) 도체 : 전기 저항이 작아 전류가 잘 흐르는 물질

　　　　예 철, 구리, 알루미늄...

(2) 절연체(부도체) : 전기 저항이 매우 커서 전류가 흐르지 않는 물질

　　　　　　예 고무, 유리, 플라스틱...

(3) 반도체 : 도체와 절연체의 중간 정도의 전기적 성질을 갖는 물질

　　　　예 규소, 저마늄...

2. 반도체의 종류

(1) n형 반도체 : 원자가 전자가 4개인 규소(Si)에 원자가 전자가 5개인 인(P), 안티모니(Sb) 등을 소량 첨가(도핑)하면, 규소 원자와 공유 결합을 하지 못한 전자 1개가 남는다.

　→ 전압을 걸어주면 남는 전자가 이동하면서 전류가 흐르게 된다.

　→ 전하 운반체는 전자이다.

(2) p형 반도체 : 원자가 전자가 4개인 규소(Si)에 원자가 전자가 3개인 붕소(B) 혹은 알루미늄(Al) 등을 첨가(도핑)하면, 규소와 인 사이에 빈 구멍인 양공(hole)이 하나 생긴다.

　→ 전압을 걸어주면 양공 가까이에 있는 전자가 이동해서 양공을 채우고, 전자가 이동한 자리에는 다른 양공이 생기므로 마치 양공이 움직이는 것처럼 전류가 흐른다.

　→ 전하 운반체는 양공이다.

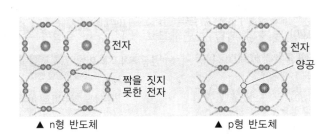

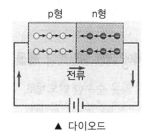

▲ n형 반도체　　　　▲ p형 반도체　　　　▲ 다이오드

3. 여러 전기적 성질의 이용

(1) 다이오드 : p형 반도체와 n형 반도체를 접합하여 만들며, 전류를 한쪽 방향으로만 흐르게 한다.

→ p형 쪽에 (+)극, n형 쪽에 (−)극을 연결하면 접합면을 통해 전자는 (+)극 쪽으로, 양공은 (−)극 쪽으로 이동하여 전류가 흐르며, 반대로 연결하면 전류가 흐르지 않으므로, 교류 전류를 직류 전류로 전환시키는 정류 작용에 사용된다.

(2) 발광 다이오드(LED) : 전류가 흐를 때 빛을 방출하도록 만든 다이오드로, 빨간색, 파란색, 초록색의 LED가 개발되어 각종 영상 표시 장치, 조명 장치, 리모컨, 신호등, 레이저, CD플레이어, 광통신, LED TV 광원 제작에 사용된다.

(3) 유기 발광 다이오드(OLED) : 전류가 흐를 때 빛을 내는 유기 화합물을 사용해 자체 발광시키므로 별도의 광원이 필요한 LCD보다 얇고 가볍게 만들 수 있어, 휘어지는 디스플레이 개발에 사용된다.

(4) 트랜지스터 : 반도체 3개를 사용(p-n-p)하여 만들며, 신호 증폭 작용, 스위치 작용을 하며, 소비 전력이 작고 특히 소형화가 가능하여 디지털 회로 제작 및 대부분의 전자 기기에 사용되고 있다.

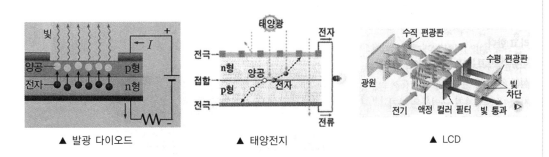

▲ 발광 다이오드　　　　▲ 태양전지　　　　▲ LCD

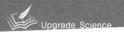

(5) 액정(LCD) : 가늘고 긴 분자가 규칙적 배열을 하고 있어, 고체와 액체의 성질을 모두 갖는 물질로, 전압을 가하면 분자의 배열이 변하므로 빛의 양을 조절할 수 있어, 다양한 영상 표시 장치 즉, 휴대폰, 네비게이션 등의 화면 장치, 고화질 TV, 컴퓨터 모니터 등에 사용된다.

(6) 태양전지 : n형과 p형 반도체를 사용하며, 빛에너지를 전기에너지로 전환시킨다.

(7) 온도, 압력, 가스, 방사능 감지기 : 온도나 압력 등 여러 조건에 따라 전기 저항이 변하는 반도체를 이용한다.

(8) 적외선, 자외선 감지기 : 빛을 받으면 전류가 흐르는 성질을 가진 반도체를 이용한다.

4. 자기적 성질에 따른 물질의 분류와 신소재

　　강자성체 : 자석에 강하게 영향을 받고, 자기장을 제거해도 오랫동안 자석의 성질을 유지하는 물질 예 철, 니켈, 코발트 등

　　상자성체 : 자석에 약하게 영향을 받으나 자기장이 제거되면 자석의 성질이 즉시 사라지는 물질 예 종이, 알루미늄, 마그네슘, 텅스텐 등

(1) 초전도체

　1) 초전도체와 초전도 현상 : 특정 온도(임계온도) 이하에서 전기 저항이 0이 되는 물질을 초전도체, 이러한 현상을 초전도 현상이라 한다.

　2) 초전도체의 이용

　　① 전기 저항이 0이므로 전류가 흘러도 열이 발생하지 않는다.

　　　이용 전력 손실 없는 송전선

　　② 열 발생 없이 센 전류를 흐르게 할 수 있으므로, 강한 자기장이 필요한 장치를 만들 수 있다. 이용 자기공명 영상장치(MRI), 핵융합 장치, 입자 가속기

　　③ 마이스너 효과 : 초전도체가 외부 자기장을 밀어내므로 초전도체 위에 자석을 놓으면 뜬다. 이용 자기 부상 열차

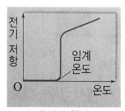

▲ 초전도 현상

④ 과제 : 임계 온도가 더욱 높은 초전도체 개발이 필요하다.

(2) 네오디뮴 자석 : 철 원자 사이에 네오디뮴과 붕소를 첨가하여 철 원자의 자기장 방향이 흐트러지지 않도록 만든 매우 강한 자석으로, 고출력 소형 스피커, 강력 모터, 컴퓨터 하드 디스크 등 강한 자기장이 필요한 장치에 사용된다.

02 | 나노 신소재

1. 그래핀, 탄소나노튜브, 풀러렌

구분	모양	구조	특징	이용
그래핀		연필심의 재료인 흑연의 한 층을 떼어내어 펼친 육각형 평면구조	열, 전기 전도성이 우수하고, 강철보다 강도가 강하다. 얇고 투명하여 빛을 잘 투과시키고, 휘어져도 전기적 성질이 변하지 않는다.	휘어지는 디스플레이 소재, 전자 종이, 입는 컴퓨터
탄소나노튜브		그래핀이 원통(튜브) 모양으로 말려 있는 구조	열, 전기 전도성이 뛰어나고, 가벼우며 강철보다 강도가 강하다.	첨단 현미경의 탐침, 나노 핀셋
풀러렌		탄소 원자가 오각형, 육각형으로 결합하여 축구공 모양을 이룬 구조	내부가 비어있어 원자나 분자를 가둘 수 있다. 쉽게 부서지거나 변형되지 않는다.	금속 원자 저장, 의약품의 체내 운반체

2. 자연을 모방한 신소재

생명체	특징	이용
도꼬마리 열매	갈고리 형태의 가시가 있어 털에 붙으면 잘 떨어지지 않는다.	벨크로 테이프
연잎 표면	나노미터 크기의 돌기가 있어 물을 밀어내 물에 젖지 않는다.	방수되는 옷, 유리 코팅제, 세차가 필요 없는 자동차
홍합 족사	홍합이 분비하는 족사라는 단백질은 물 속에서도 강한 접착력을 유지한다.	수중 접착제, 의료용 생체 접착제

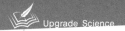

생명체	특징	이용
게코 도마뱀 발바닥	발바닥에 미세 섬모가 있어 나무나 벽에 쉽게 붙었다 떨어졌다 한다.	게코 테이프, 의료용 패치, 전투용이나 구조용 로봇 장갑, 신발
상어 비늘	코의 정면에 거친 돌기와 코 아래에 부드러운 돌기로 인해 물의 저항을 줄인다.	전신 수영복
거미줄	매우 가늘지만 강철보다 강도가 강하고 신축성이 뛰어나다.	방탄복, 낙하산, 인공 힘줄
모르포 나비 날개	날개에 특정한 색소가 없지만, 날개에 얇은 막이 여러 층으로 되어 있어, 빛 방향에 따라 색이 달라진다.	모르포텍스 섬유

Exercises

01 기존 소재의 화합물 조성이나 결합 구조를 변화시켜 새로운 성질을 띠게 만든 물질을 (　　　　)라고 한다.

02 도체는 전기 저항이 (　　)서 전류가 잘 흐르는 물질로 철, 구리, 알루미늄 등이 있다.

03 원자가 전자가 4개인 규소(Si)에 원자가 전자가 5개인 인(P) 등을 소량 (　　) 하여, 규소 원자와 공유 결합하지 못한 전자 1개가 남게 만든 반도체를 (　　) 반도체라고 한다.

04 다이오드는 p형 반도체와 n형 반도체를 접합하여 만들며, 교류 전류를 직류로 한쪽 방향으로만 흐르게 하는 (　　　　　)에 사용할 수 있다.

05 (　　　)은 고체와 액체의 성질을 모두 갖는 물질로, 전압을 가하면 분자의 배열이 변하므로 빛의 양을 조절할 수 있어, 다양한 영상 표시 장치 등에 사용된다.

06 특정 온도(임계온도) 이하에서 전기 저항이 0이 되는 물질을 (　　　　)라 하며, 이러한 현상을 초전도 현상이라 한다.

07 초전도체가 외부 자기장을 밀어내므로 초전도체 위에 자석을 놓으면 뜨는 원리를 이용하여 (　　　　　　　)를 만들 수 있다.

08 연필심의 재료인 흑연의 한 층을 떼어내어 펼친 육각형 평면구조인 (　　) 은 강철보다 단단하고, 구리보다 13배 이상 열을 잘 전달한다.

09 (　　　　　　)는 그래핀이 원통(튜브) 모양으로 말려 있는 구조로 열, 전기 전도성이 뛰어나고, 가벼우며 강철보다 강도가 강하다.

10 연잎의 돌기들은 물이 잘 스며들지 않게 하는 (　　　) 역할을 하며, 홍합은 족사라는 접착 (　　　)을 분비하여 물 속에서도 강한 접착력을 유지한다.

정답			
1. 신소재	2. 작아	3. 도핑, n형	4. 정류 작용
5. 액정	6. 초전도체	7. 자기 부상 열차	8. 그래핀
9. 탄소 나노 튜브	10. 코팅제, 단백질		

II

시스템과 상호 작용

01 역학적 시스템

01 | 중력에 의한 시스템

1. 힘의 정의와 종류

(1) 힘 : 물체의 모양이나 운동 상태를 변화시키는 원인이 된다.

(2) 힘의 종류

1) **탄성력** : 변형된 물체가 원래의 상태로 되돌아가려는 힘

2) **마찰력** : 접촉면에서 물체의 운동을 방해하는 힘

3) **자기력** : 자석과 자석 또는 자석과 금속 사이에 작용하는 힘

4) **전기력** : 전기를 띤 물체 사이에 작용하는 힘

5) **부력** : 물이 물체를 위쪽으로 밀어내는 힘

6) **중력** : 지구가 물체를 끌어당기는 힘

2. 뉴턴의 운동 법칙

(1) 관성의 법칙 (뉴턴의 운동 제1법칙)

1) **물체에 힘이 작용하지 않으면** : 정지해 있는 물체는 계속 정지해 있고, 운동하는 물체는 등속 직선 운동을 한다.

① 정지해 있던 버스가 갑자기 출발하면 승객은 뒤로 넘어진다. (정지)

② 달리던 버스가 갑자기 정지하면 승객은 앞으로 넘어진다. (운동)

2) **관성의 크기** : 물체의 질량이 클수록 관성이 크다.

(2) 가속도의 법칙 (뉴턴의 운동 제2법칙)

1) **가속도란** : 단위 시간 동안의 속도 변화량을 말한다.

$$가속도(a) = \frac{속도\ 변화량}{시간} = \frac{V - V_0}{t}\,(m/s^2)$$

2) **가속도의 법칙** : 물체에 일정한 크기의 힘이 작용할 경우

→ 가속도의 크기(a)는 작용한 힘의 크기(F)에 비례하고, 물체의 질량(m)에 반비례한다.

$$F = ma$$

(3) 작용-반작용의 법칙 (뉴턴의 운동 제3법칙)

물체 A가 다른 물체 B에 힘(작용)을 가하면, 물체 B도 물체 A에게 크기가 같고 방향이
반대인 힘(반작용)을 같은 작용선 상에 가한다.

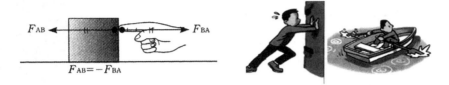

1) 몸을 벽에 부딪히면 나도 아프다.
2) 로켓이 가스 분출 방향의 반대 방향으로 날아간다.
3) 노를 뒤로 저으면 배는 앞으로 나아간다.

(4) **뉴턴의 만유인력의 법칙** : 질량을 갖는 모든 물체 사이에 서로 끌어당기는 힘을 말한다.

‑ 두 물체의 질량에 비례하고, 두 물체 사이의 거리의 제곱에 반비례한다.

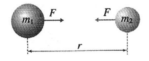

$$F = G\,\frac{m_1 \cdot m_2}{r^2}$$

---

02 | 중력을 받는 물체의 운동

1. 중력 : 지구가 지구상의 물체를 끌어당기는 힘이다.

    (1) 방향 : 연직 방향인 지구 중심 쪽이다.

    (2) 중력의 크기 : 물체의 질량에 비례하고, 지구에서 멀수록 작다.

    지표면 근처에서 중력의 크기 = 무게이다.

$$F = mg \ \text{(g:중력가속도)}$$

지구의 중심

    (3) 같은 물체라도 장소에 따라 중력의 크기는 다르다.

    달에서의 중력(무게)의 크기는 지구에서의 1/6이다.

2. 자유 낙하 운동

(1) 물체에 중력이 작용하기 때문이며 공기저항을 무시할 경우, 1초에 9.8m/s씩 속력이 증가하는 운동을 하며 낙하한다.

(2) 중력 가속도(g) : 물체에 작용하는 중력에 의한 가속도로, 물체의 질량에 관계없이 $9.8m/s^2$으로 일정하다.

(3) 공기 중에서와 진공에서 쇠구슬과 깃털의 낙하 : 공기저항력 때문에 공기 중에서는 쇠구슬이 먼저 떨어지나, 진공에서는 동시에 땅에 떨어진다.

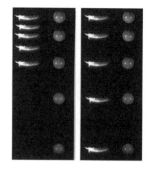

▲ 공기 중 낙하   ▲ 진공 중 낙하

3. 수평으로 던진 물체의 운동

– 공기 저항을 무시할 경우 전체적으로 포물선 운동을 한다.

(1) 수평 방향 : 힘이 작용하지 않으므로 속력이 일정한 등속 직선 운동을 한다.

(2) 연직 방향 : 연직 방향으로 중력이 작용하므로 모두 자유 낙하(등가속도) 운동을 한다.

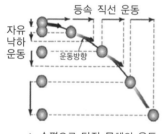

▲ 수평으로 던진 물체의 운동

구분	수평 방향	연직 방향
힘	0	중력
운동	등속 직선 운동	등가속도 운동
속도	일정	일정하게 증가
가속도	0	중력 가속도

(3) 속력을 다르게 던질 경우 : 속력이 클수록 수평 방향의 이동거리는 증가하나, 연직으로는 자유 낙하 운동을 하므로 지면에 도달하는 시간은 동일하다.

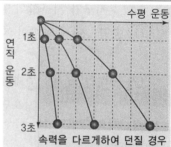

속력을 다르게하여 던질 경우

(4) 뉴턴의 사고 실험 : 특정한 속도로 빠르게 던질 경우, 물체가 지구로 떨어지는 거리와 지구가 둥글기 때문에 구부러지는 거리가 같아 물체가 땅으로 떨어지지 않고 지구 둘레를 도는 원운동(인공위성)을 하게 될 것이다.

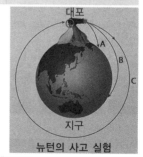

뉴턴의 사고 실험

Exercises

01 물체의 모양이나 운동 상태를 변화시키는 원인을 (　　)이라고 한다.

02 물체에 힘이 작용하지 않을 경우, 정지해 있는 물체는 계속 정지해 있고, 운동하는 물체는 처음의 상태대로 등속 직선 운동을 한다. 이를 (　　　　) 이라 한다.

03 단위 시간 동안의 속도 변화량을 (　　　)라 하며, 1초당 속도 변화량을 의미한다.

04 물체의 질량을 m, 물체의 가속도를 a라고 할 때, 뉴턴의 운동 제2법칙에 의한 힘 공식은 ($F = $　　)이다.

05 우주의 질량을 갖는 모든 물체 사이에 서로 끌어당기는 힘을 (　　　)이라 하며, 두 물체의 질량에 비례하고, 두 물체 사이의 거리의 제곱에 반비례한다.

06 지구가 지구상의 물체를 끌어당기는 힘인 중력의 크기는 (　　　)이고, 중력의 방향은 연직 방향인 (　　　) 쪽이다.

07 자유 낙하하는 물체에는 일정한 크기의 (　　)이 작용하므로, 물체는 속도가 일정하게 증가하는 (　　　) 운동을 한다.

08 수평 방향으로 던진 물체는 수평 방향으로는 (　　　) 운동을 하고, 연직 방향으로는 (　　　) 운동을 한다.

09 공기 중에서와 진공에서 쇠구슬과 깃털을 낙하시킬 때 공기 중에서는 공기 저항력 때문에 (　　　)이 먼저 떨어지나, 진공에서는 (　　　) 땅에 떨어진다.

10 속력을 다르게 하여 수평으로 물체를 던질 경우에도 공기의 저항이 없다면, 속력이 클수록 수평 방향의 이동거리는 증가하나, 연직으로는 자유 낙하 운동을 하므로 두 물체는 지면에 (　　　) 도달한다.

정답　1. 힘　　　　2. 관성의 법칙　　3. 가속도　　　　4. ma
5. 만유 인력　6. mg, 지구 중심　7. 힘(중력), 등가속도　8. 등속 직선, 자유 낙하
9. 쇠구슬, 동시에 10. 동시에

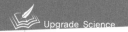

03 | 중력이 지구와 생명 시스템에 주는 영향

1. 중력이 지구 시스템에 주는 영향

(1) 위로 던진 공은 중력이 작용하므로 다시 땅으로 떨어진다.

(2) 중력에 의한 대류 현상 때문에 구름, 기상 현상, 해풍과 육풍, 고기압, 저기압, 물과 대기의 순환이 일어난다.

(3) 태양과 달의 중력으로 인해 지구에 밀물과 썰물 현상을 일으킨다.

(4) 중력에 의해 운석이 지구로 떨어지는 것이고, 달에는 중력이 작아 대기가 없다.

2. 중력이 생명 시스템에 주는 영향

(1) 식물의 뿌리가 중력에 의해 땅속으로 자란다.

(2) 전정기관의 이석에 의해 몸의 균형을 유지한다.

(3) 심장에서 거리가 먼 정맥에는 중력으로 인한 혈액의 역류를 막는 판막이 있다.

(4) 몸무게가 큰 코끼리는 단단한 근육과 골격으로 중력을 지탱한다.

(5) 기린은 목이 길어 다른 동물에 비해 혈압이 높다.

(6) 조류는 뼈 속이 비어 있어 중력을 덜 받아 가볍기 때문에 하늘을 날 수 있다.

04 | 역학적 시스템과 안전

1. 운동량과 충격량

(1) 운동량(p) : 운동하는 물체의 질량과 속도를 곱한 물리량으로, 방향은 물체의 속도 방향과 같고, 물체의 운동의 정도를 나타낸다.

$$p = mv$$

m : 질량 v : 속도
(단위 : $kg \cdot m/s$)

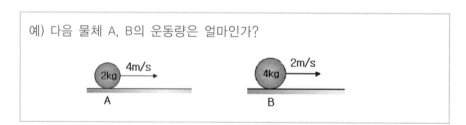

예) 다음 물체 A, B의 운동량은 얼마인가?

(2) 충격량(I) : 물체에 작용한 힘과 힘이 작용한 시간의 곱으로, 방향은 힘 방향과 같으며, 물체가 받는 충격의 정도를 나타낸다.

$$I = F \triangle t$$

F : 물체에 작용한 힘
$\triangle t$: 힘이 작용한 시간
(단위 : $N \cdot s$)

→ 그래프 밑의 면적이 물체가 받은 충격량이다.

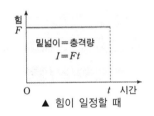

▲ 힘이 일정할 때

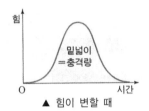

▲ 힘이 변할 때

2. 운동량과 충격량의 관계

질량 m인 물체를 짧은 시간 $\triangle t$초 동안 일정한 힘 F를 가해 속도를 v_0에서 v로 변화시켰다면,

$$F \triangle t = mv - mv_0 = \triangle P \qquad \therefore F = \frac{mv - mv_0}{\triangle t}$$

① 물체가 받은 충격량 = 물체의 운동량의 변화량
② 물체에 작용한 힘은 단위 시간 동안의 운동량의 변화량과 같다.

(1) 충격력이 일정할 때, 충돌 시간과 충격량의 관계

→ 힘을 받는 시간을 물체에 길게 할수록, 충격량
(운동량의 변화량)이 커져 나중 속도가 빨라진다.

1) 골프나 야구에서 골프채나 방망이에 팔로스루를 길게 한다.
2) 대포의 포신이 길수록 포탄이 멀리까지 날아간다.

(2) 충격량(운동량의 변화량)이 일정할 때, 충돌 시간과 힘의 크기의 관계

→ 물체에 작용하는 시간이 길수록, 힘은 작아진다. $\therefore F = \frac{mv - mv_0}{\triangle t}$

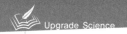

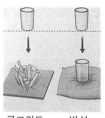

콘크리트   방석

예 ① 콘크리트 바닥과 방석에 각각 떨어진 유리컵
② 콘크리트 벽과 짚더미에 충돌한 자동차
③ 투수가 던진 공을 손을 뒤로 빼면서 받는 이유
④ 손바닥을 맞을 때 아래로 손을 내리며 맞기

▲ 콘크리트벽에 충돌할 때

▲ 짚더미에 충돌할 때

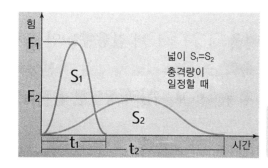

넓이 $S_1=S_2$
충격량이
일정할 때

그래프 밑넓이 : 충격량 ($S_1 = S_2$) 일정
충돌시간 : $t_1 < t_2$,   충격력 : $F_1 > F_2$

(3) 충돌 시간을 길게 해주는(충돌 힘이 작게 작용) 안전장치

1) **교통 수단** : 자동차의 에어백, 자동차의 범퍼, 자전거 안장의 용수철, 범퍼카, 배에 매단 타이어

2) **운동 경기** : 하키 골키퍼의 안전장비, 권투 선수의 보호대, 야구 선수의 글러브, 야구장의 외야 펜스

3) **기타** : 신발의 에어쿠션, 놀이 매트, 공기가 충전된 포장재, 유도의 낙법

(4) 자동차의 안전장치

1) **안전띠** : 충돌시에 운전자가 관성에 의해 쏠려 핸들이나 유리창에 부딪히지 않게 한다.

2) **에어백** : 충돌시에 충격이 가해지는 시간을 길게 하여 받는 힘을 작게 해 준다.

3) **범퍼** : 충돌시에 적절히 찌그러져 충돌 시간을 길게 해 준다.

Exercises

01 지구상에서의 구름, 기상 현상, 해풍과 육풍, 고기압, 저기압, 물과 대기의
순환은 (　　) 현상 때문이며, 대류는 (　　)의 작용 때문이다.

02 몸무게가 큰 포유류는 (　　)을 견디기 위해 단단한 근육과 골격이 발달했
으며, 식물의 뿌리는 (　　) 방향으로 자란다.

03 물체의 운동량은 질량과 (　　)의 곱이고, 충격량은 물체에 작용한 힘과 힘
이 작용한 (　　)의 곱으로 나타낸다.

04 물체가 받은 충격량은 물체의 (　　　　　　)과 같다.

05 힘이 일정하면, 충격량의 크기는 힘을 받는 시간에 (　　)하고, 충격량의
크기가 같으면 작용하는 힘의 크기는 힘을 받는 시간에 (　　)한다.

06 그림과 같이 같은 높이에서 똑같은 유리컵을 콘크리트
바닥과 푹신한 방석에 떨어뜨릴 경우에 대하여
O, X 하시오.

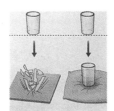

콘크리트 　　　방석

(1) 두 유리컵의 운동량의 변화량 크기는 같다. (　　)
(2) 두 유리컵의 충격량의 크기는 같다. (　　)
(3) 두 유리컵 중 방석에 떨어진 유리컵이 더 큰 충격력을 받았다. (　　)

07 충격량(운동량의 변화)이 일정할 때, 충돌 시간을 길게 하여 힘의 크기를 작
게 하는 예가 <u>아닌</u> 경우를 고르면?
① 콘크리트 바닥과 스펀지에 각각 떨어진 달걀
② 콘크리트 벽과 짚더미에 충돌한 자동차
③ 투수가 던진 공을 손을 뒤로 빼면서 받는 것
④ 골프나 야구에서 골프채나 방망이에 팔로스루를 길게 한 것

08 자동차의 범퍼는 자동차가 충돌하여 정지할 때까지의 (　　　　)을 길
게 하여 탑승자가 받는 (　　　　)의 크기를 줄여준다.

정답   1. 대류, 중력   2. 중력, 중력   3. 속도, 시간   4. 운동량의 변화량
         5. 비례, 반비례   6. O, O, X   7. ④   8. 충돌 시간, 충격력

02 지구 시스템

01 | 지구 시스템의 구성 요소

1. 지구 시스템

(1) 지구는 태양의 중력이 지배하는 거대한 역학적 시스템의 일부이다.

(2) 지구는 물이 액체로 존재하는 생명 가능 지대에 속해 있어 수많은 생명체가 있다.

(3) 지구는 지권, 기권, 수권, 생물권, 외권으로 이루어져 끊임없이 상호 작용을 한다.

2. 지구 시스템의 구성

(1) 지권

  1) 지권의 범위 : 지구 표면과 층상 구조인 지구 내부를 포함한 깊이 6400km 영역

  2) 지권의 분류

    ① 지각 : 가벼운 화강암질 암석으로 된 대륙 지각(약 35km)과 더 무거운 현무암질 암석으로 된 해양 지각(약 5km)으로 이루어져 있다.

    ② 맨틀 : 지구 부피의 83%를 차지하고, 밀도가 큰 감람암질 암석으로 되어있으며 하층부는 반유동성의 액체로 맨틀의 대류가 일어나 지진, 화산 활동 등을 일으킨다.

    ③ 핵 : 철과 니켈이 주성분으로 밀도가 가장 크며, 고압에 의한 고체인 내핵과, 고온으로 인한 액체인 외핵으로 구성되어 있으며, 외핵의 대류로 인해 지구 자기장이 형성된다. 지구 자기장은 태양에서 오는 방사선 입자를 막아 지구를 보호한다.

  3) 지권의 역할 : 생물체에게 필요한 물질을 공급하고 서식 공간을 제공한다.

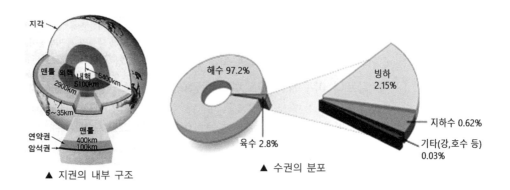

▲ 지권의 내부 구조　　　　　▲ 수권의 분포

(2) 수권

1) 해수 : 지구상 전체 수권의 97.2%

2) 육수 : 나머지 약 2.8%, 대부분 빙하 형태로 존재

> 해수 〉 빙하 〉 지하수 〉 강, 호수 〉 수증기

3) 해수의 깊이에 따른 수온 분포

① 혼합층 : 태양 복사 에너지를 흡수하여 수온이 높고, 바람의 혼합 작용으로 수온이 일정하며, 바람이 강할수록 두껍게 발달한다.

② 수온 약층 : 수심이 깊어질수록 수온이 급격히 낮아지는 층으로 대류가 일어나지 않아 안정하며, 혼합층과 심해층 사이의 물질과 에너지 교환을 차단한다.

③ 심해층 : 빛이 도달하지 않아 수온이 낮고, 위도나 계절에 따른 수온 변화가 거의 없는 층이다.

4) 수권의 역할 : 태양 에너지를 저장하고, 열에너지 수송에 관여하며, 기상 현상을 일으키고, 지구 온도를 일정하게 유지하는 역할을 한다.

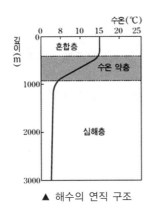

▲ 해수의 연직 구조

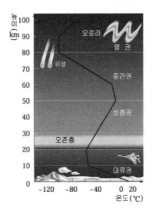

(3) 기권

1) 기권의 분포 : 지구를 둘러싼 대기의 층으로 지표에서 약 1000km까지

2) 기권의 구분 : 높이에 따른 기온 변화를 기준으로 구분

① 대류권 : 지표면 ~ 높이 약 10km

㉠ 대기권에 분포하는 전체 공기의 약 75%가 존재한다.

㉡ 높이 올라갈수록 기온이 낮아진다.

㉢ 공기의 대류로 인해 구름, 비, 눈, 바람 등의 기상 현상이 일어난다.

② 성층권 : 높이 약 10 ~ 50km

㉠ 높이 올라갈수록 기온이 높아진다.

㉡ 높이 20 ~ 35km에 오존층이 있어 자외선을 흡수한다.

㉢ 대류 현상이 없어 안정한 층을 이루며, 비행기의 항로로 이용된다.

③ 중간권 : 높이 약 50 ~ 80km

㉠ 높이 올라갈수록 기온이 낮아지며, 높이 약 80km에서 기온이 가장 낮다.

㉡ 대류 현상은 있지만, 수증기가 없어 기상 현상은 일어나지 않는다.

㉢ 유성이 관측된다.

④ 열권 : 높이 약 80km 이상

㉠ 공기가 매우 희박, 태양 복사 에너지를 직접 흡수, 높이 올라갈수록 기온이 올라간다.

㉡ 대기가 거의 없어 밤낮의 기온차가 심하며, 오로라가 나타난다.

3) **대기권의 역할** : 온실 효과로 지구 보온, 오존층의 자외선 차단, 생물체에 CO_2와 산소를 공급한다.

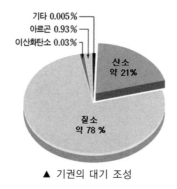

▲ 기권의 대기 조성

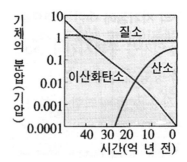

(4) 생물권

1) **생명의 탄생** : 해양에서 유해 자외선 차단으로 생태계가 형성되었고, 현재는 지권, 수권, 기권에 넓게 분포한다.

2) **생물의 진화** : 대기 중의 산소 축적으로 오존층이 형성, 태양의 유해 자외선을 차단함으로써 육상 생물이 번성하게 되었다.

(5) 외권 : 지상 1000km 이상 기권 밖의 모두를 포함하며, 그 중 지구 자기장은 태양의 고에너지 입자를 차단하여 지구 생물체를 보호한다.

3. 지구 시스템 구성 요소의 상호 작용

(1) 지구 시스템의 상호 작용

1) 지구 시스템의 구성 요소들은 끊임없이
   상호 작용을 하고 있다.

2) 하나의 구성 요소에 변화가 생기면 다른
   요소도 영향을 받으면서 상호 균형을 이룬다.

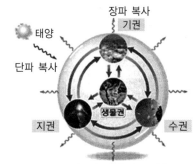

▲ 지구 시스템 간의 상호 작용

(2) 지구 시스템 구성 요소 간의 상호 작용

영향 근원	기권	수권	지권	생물권
기권	일기변화, 기단의 상호작용, 대기 대순환	해류 발생, 강수 현상	대기에 의한 풍화, 침식	이산화탄소(산소) 제공, 종자, 포자의 운반
수권	수증기 증발, 이산화탄소 흡수와 방출, 태풍 발생	해수의 순환 (혼합)	광물의 용해, 물과 빙하의 침식 작용, 석회동굴 형성	물 공급, 수중 생물의 서식처 제공
지권	화산 활동시 기체 방출	쓰나미(해일) 발생	판의 운동, 대륙 이동	대륙 이동에 의한 서식처 변화
생물권	광합성, 호흡으로 대기 조성 변화	생물체가 용해 물질 제거	생물에 의한 풍화, 침식, 화석연료 생성	먹이 사슬 유지

Exercises

01 지구는 태양으로부터의 거리가 적당하고, 물이 액체 상태로 존재하는 ( )에 속해 있어 수많은 생명체가 살고 있다.

02 지구 부피의 83%를 차지하고, 밀도가 큰 감람암질 암석으로 되어 있으며, 하층부는 반유동성의 액체로 ( )가 일어나 지진, 화산 활동 등을 일으키는 원인을 제공하는 곳은 ( )이다.

03 핵은 철과 니켈이 주성분으로 밀도가 가장 크며, 고압에 의한 고체인 내핵과, 고온으로 인한 ( )인 외핵으로 구성되어 있으며, 외핵의 대류로 인해 ( )이 형성된다. 지구 자기장은 태양에서 오는 방사선 입자를 막아 지구를 보호한다.

04 해수는 지구상 전체 수권의 97.2%를 차지하며, 육수는 약 2.8%에 불과하다. 육수 중 가장 많은 양을 차지하는 것은 ( )이며, 나머지는 강, 호수 순이다.

05 수권의 구조 중 태양 복사 에너지를 흡수하여 수온이 높고, 바람의 혼합 작용으로 수온이 일정하며, 바람이 강할수록 두껍게 발달하는 층은 ( )이고, 수심이 깊어질수록 수온이 급격히 낮아지는 층으로 대류가 일어나지 않아 안정하며, 혼합층과 심해층 사이의 물질과 에너지 교환을 차단하는 층은 ( )이다.

06 대기권에 분포하는 전체 공기의 약 75%가 존재하고, 높이 올라갈수록 기온이 낮아지며, 공기의 대류 현상이 일어나는 곳은 ( )이다.

07 ( )은 높이 올라갈수록 기온이 높아지고, 오존층이 있어 자외선을 흡수하며, 대류 현상이 없어 안정한 층을 이루며, 비행기의 항로로 이용되는 곳이다.

08 생물의 육상 진출은 대기 중의 산소 축적으로 인한 ( )의 형성으로, 유해 자외선이 차단되었기 때문이다.

09 해저 지진으로 인한 쓰나미(해일)의 발생은 ( )과 수권의 상호 작용이라고 볼 수 있다.

10 식물의 뿌리가 큰 바위 틈으로 뿌리를 내려 풍화의 원인을 제공하였다면 ( )과 ( )의 상호 작용에 해당한다.

정답
1. 생명 가능 지대
2. 맨틀의 대류, 맨틀
3. 액체, 지구 자기장
4. 빙하
5. 혼합층, 수온 약층
6. 대류권
7. 성층권
8. 오존층
9. 지권
10. 생물권, 지권

1. 지구 시스템의 에너지원

(1) 태양 복사 에너지

1) 지구 시스템의 에너지원 중 가장 많은 양을 차지하며, 지구 환경 변화에 가장 큰 영향을 준다.

2) 기권과 수권에서 기상 현상과 해류를 발생시키고, 지권에서는 풍화와 침식 작용을 일으켜 지형을 변화시킨다.

3) 수권에서는 해수를 순환시키고, 생물권에서는 광합성으로 생명 활동의 에너지원이 된다.

(2) 지구 내부 에너지

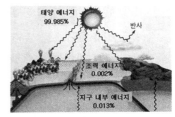

▲ 지구계의 에너지원

1) 지구 중심에서 나오는 열과 암석에 포함된 방사성 원소가 붕괴할 때의 에너지이다.

2) 지권에서 맨틀 대류를 일으켜 대륙 이동, 지진, 화산 활동 등 지각 변동을 일으킨다.

(3) 조력 에너지

1) 달과 태양의 인력에 의한 에너지이며, 거리가 가까운 달의 영향이 더 크다.

2) 밀물과 썰물을 일으켜 해안 지역의 생태계와 지형 변화에 영향을 준다.

2. 지구 시스템의 에너지 순환

(1) 위도별 에너지 불균형

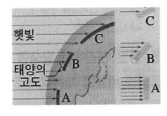

위도	태양 복사 에너지와 지구 복사 에너지 비교	에너지
저위도	태양 복사 에너지양 〉 지구 복사 에너지양	과잉
고위도	태양 복사 에너지양 〈 지구 복사 에너지양	부족

(2) 지구 전체의 에너지 평형

– 대기와 해수의 순환 : 저위도의 남는 에너지를 고위도로 운반, 지구 전체 에너지 평형을 이루게 하며, 다양한 자연 현상 및 물질의 순환을 일으킨다.

3. 지구 시스템의 물질 순환

(1) 물의 순환

1) **물의 순환을 일으키는 근본 에너지** : 태양 에너지

2) **해양과 육지의 물** : 태양 에너지에 의해 증발되거나 식물의 증산 작용에 의해 수증기의 형태로 대기로 이동한다.

3) **대기 중의 수증기** : 기온과 습도 변화에 의해 응결되어 구름이 되고, 비나 눈이 되어 지표에 내린다.

4) **지표에 강수로 내린 물** :

하천수, 지하수가 되고, 결국 해양으로 이동하는데, 이 과정에서 지표의 지형을 변화시킨다. 일부는 생물체에 흡수되어 다시 지표나 대기로 이동한다.

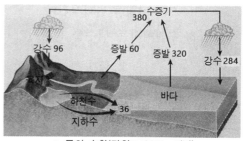

▲ 물의 순환(단위×1000km³/년)

5) **물의 평형** : 대기, 해양, 육지에서 각각 방출되는 물의 양과 유입되는 물의 양은 같다. 지구 시스템 전체의 물의 양은 항상 일정하다.

(2) 탄소의 순환

1) **탄소의 존재 형태**

① 기권 : 이산화탄소(CO_2), 메테인(CH_4)의 형태

② 수권 : 탄산 이온(CO_3^{2-})이나 탄산수소 이온(HCO_3^-)의 형태

③ 지권 : 암석에는 탄산칼슘(석회암), 연료에는 탄화수소의 형태

④ 생물권 : 유기 화합물의 형태

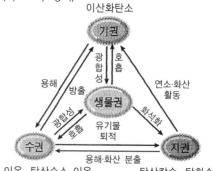

2) **탄소의 순환 과정**

① 식물의 광합성에 의해 기권의 이산화탄소가 유기물로 전환되고, 동식물의 호흡에 의해 기권으로, 유기물의 일부는 퇴적, 화석 연료가 되었다가 연소되어 이산화탄소의 형태로 기권으로 배출된다.

② 기권의 이산화탄소는 해수에 녹아 탄산 이온이나 탄산수소 이온의 형태가 되고, 칼슘과 결합하여 지권의 석회암 $CaCO_3$ (가장 많은 양)이 된다.

③ 화산 분출, 화석 연료 연소, 수권의 수온 상승으로 이산화탄소의 형태로 대기로 이동한다.

④ 여러 형태로 탄소가 순환하지만 지구 시스템 전체의 탄소의 양은 항상 일정하다.

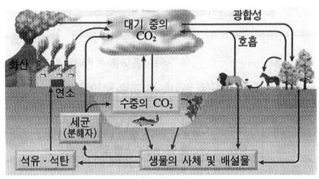

▲ 탄소의 순환

(3) 질소의 순환

대기 중의 질소는 번개나 토양 속의 세균에 의해 질산 이온(NO_3^-)이나 암모늄 이온(NH_4^+)이 되어 식물에 흡수되어 단백질을 만들고, 동물에게 이동한 후 다시 분해자의 활동에 의해 기권으로 이동하여 순환한다.

4. 지구 시스템의 일시적 균형 파괴 현상

(1) 지진과 화산 폭발, 인간에 의한 환경오염, 황사, 미세먼지(지름 $10\mu m$ 이하), 초미세먼지(지름 $2.5\mu m$ 이하) 등에 의해 일시적으로 균형이 깨지고 있다.

(2) 또한, 산성비, 해양의 적조 현상, 성층권의 오존층 파괴 등도 지구 시스템을 파괴하는 위험 요소가 되고 있다.

03 | 지권의 변화

1. 지진과 화산 활동

(1) 지각 변동을 일으키는 에너지원 : 지구 내부 에너지

1) 지진 : 지구 내부에 축적되어 있던 에너지의 급격한 방출로 지표면이 흔들리는 현상

2) 화산 활동 : 지하에서 생성된 마그마가 지각을 뚫고 지표로 올라오는 현상 → 용암(마그마에서 기체 빠진 액체), 화산가스, 화산재 등이 분출한다.

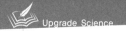
(2) 지진대와 화산대(변동대)

1) 지진대와 화산대는 판의 경계를 따라 좁고 긴 띠 모양으로 대체로 일치한다.

2) 주로 대륙의 중앙부가 아닌 주변부, 그 중 환태평양 지역에서 가장 활발하다.

(3) 세계 3대 지진대

– 환태평양 지진대, 알프스·히말라야 지진대, 해령 지진대

◀ 판의 경계와 분포

2. 지권의 변화와 판 구조론

(1) **판 구조론** : 대륙 이동설, 맨틀 대류설, 해저 확장설의 종합적 결론이다.

→ 지구의 표면은 여러 개의 판으로 이루어져 있고, 맨틀 대류에 의해 판들이 이동하면서 판의 경계 부분에서 지진이나 화산 활동 같은 지각 변동이 일어난다는 이론

(2) **판의 구조**

1) **암석권(판)** : 지표에서 지하 100km 까지, 지각과 상부 맨틀 일부를 포함한 단단한 부분

2) **판의 구분**

대륙판	대륙지각 + 상부 맨틀 일부	두껍다	밀도 작은 화강암질 암석
해양판	해양지각 + 상부 맨틀 일부	얇다	밀도 큰 현무암질 암석

3) **연약권** : 지하 100km~400km 까지, 맨틀이 부분적으로 녹아있거나 약간의 유동성을 가진 부분으로 암석권보다 밀도가 크고, 상하부 온도 차에 의해 맨틀의 대류가 일어난다.

→ 맨틀 대류 : 판을 이동시키는 원동력이다.

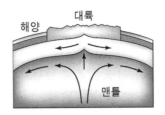
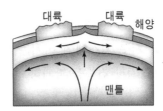

(3) 판의 주요 4경계

▲ 해령(발산형)   ▲ 해구(수렴형)   ▲ 습곡산맥(수렴형)   ▲ 변환단층(보존형)

(4) 판의 경계와 지각 변동

경계 종류		상대적인 특징		형성 지형
발산형 경계	맨틀대류 상승부	판과 판이 멀어지는 경계 (판 생성)	천발지진, 화산활동	동태평양 해령 동아프리카 열곡대
수렴형 경계	맨틀대류 하강부	판과 판이 만나는 경계		
		① 해양판-대륙판 (판 소멸)	천발, 심발지진 화산활동	일본해구, 칠레 해구 호상열도(일본) 습곡산맥(안데스)
		② 해양판-해양판 (판 소멸)	천발, 심발지진 화산활동	마리아나 해구 호상열도
		③ 대륙판-대륙판 (판 충돌)	천발, 심발지진 화산활동(×)	히말라야, 알프스 대 습곡산맥
보존형 경계	–	판과 판이 어긋나는 경계 (판 생성, 소멸(×))	천발지진 화산활동(×)	산안드레아스 단층

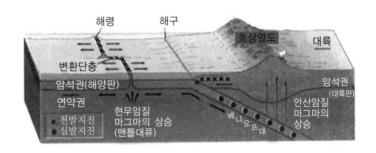

3. 지권의 변화가 지구 시스템에 미치는 영향

(1) 화산 활동이 지구 시스템에 미치는 영향

1) 용암은 농경지나 건물을 파괴하고, 산불과 인명 피해를 발생시킨다.

2) 화산 기체로 인해 산성비가 내리고, 토양을 산성화시킨다.

3) 용암쇄설물은 지표를 따라 흐르면서 산사태를 발생시킨다.

4) 화산재는 햇빛을 가려 지구의 기온을 떨어뜨리고, 식물의 생장을 저하시키며, 항공기의 운항에 차질을 준다.

5) **이용** : 화산재는 토양을 비옥하게 하고, 유효한 광물 취득, 지열 발전의 이용, 독특한 지형 및 온천은 관광자원이 된다.

(2) 지진이 지구 시스템에 미치는 영향

1) 도로, 건물, 교량을 파괴시키고, 산사태를 일으켜 인명, 재산 피해를 준다.

2) 가스관 파괴로 가스 누출, 전선의 합선이나 누전으로 화재를 발생시킨다.

3) 해저 지진으로 인한 해일(쓰나미)이 발생해 인명, 재산 피해를 준다.

Exercises

01 기권에서 구름을 발생시키고 기상 현상을 일으키며, 대기의 순환을 일으키는 에너지는 (　　　　　　) 에너지이다.

02 지구 내부의 암석에 포함되어 있는 방사성 원소가 붕괴할 때 발생하는 열을 에너지원으로 하여 지진, 화산 활동 등 지각 변동을 일으키는 에너지를 (　　　　　　)라 한다.

03 저위도 지역은 태양 복사 에너지가 많아 에너지 과잉이고, 고위도는 에너지가 부족하지만 (　　　　　)의 순환이 저위도의 남는 에너지를 고위도로 운반한다.

04 지구에서 물의 순환을 일으키는 주된 에너지는 (　　　　　　)이고, 물이 순환하더라도 각 권에서 물의 총량은 (　　　)하게 유지되어 평형을 이룬다.

05 지구 시스템에서 탄소가 가장 많이 분포하는 곳은 (　　　)이며, 기권에서는 (　　　　　　)의 형태로, 수권에서는 물에 녹아 이온 상태로 존재한다.

06 지각과 상부 맨틀 일부를 포함한 두께 약 100km의 암석권을 (　　　)이라 하며, 판을 이동시키는 근본 원인은 (　　　　) 때문이다.

07 판의 경계 중 발산형 경계인 해령은 맨틀 대류의 (　　　)이며, 수렴형 경계 중 하나인 해구는 맨틀 대류의 (　　　)에 해당한다.

08 대륙판과 대륙판이 충돌하는 경계에는 거대한 (　　　　　)이 발달한다.

09 판의 경계 중 해령과 해령 사이에 분포하며 판의 생성이나 소멸이 없이 두 판이 서로 스쳐 지나가는 곳을 (　　　　　)이라 한다.

10 화산 폭발이 일어나면 대기로 분출된 (　　　)가 햇빛을 가려 지구의 기온을 떨어뜨리고, 식물의 생장을 저하시키며, 항공기의 운항에 차질을 주기도 한다.

정답　1. 태양 복사　　2. 지구 내부 에너지　　3. 대기와 해수　　4. 태양 복사 에너지, 일정
5. 지권, 이산화탄소　　　　　　6. 판, 맨틀의 대류　7. 상승부, 하강부
8. 습곡산맥　　9. 변환단층　　10. 화산재

03 생명 시스템

01 | 생명 시스템의 기본 단위

1. 생명 시스템과 세포
    (1) **생명 시스템** : 생물의 개체는 다양한 세포가 서로 유기적으로 조직되어 상호 작용을 하는 하나의 생명 시스템이다.
    (2) **세포** : 생명 시스템을 구성하는 구조적 기능적 단위이다.
    (3) **생명 시스템의 구성 단계** : 세포 → 조직 → 기관 → 개체

구성 단계	특 징
세포	생명 시스템의 구조적, 기능적 단위
조직	모양과 기능이 비슷한 세포들의 모임
기관	여러 조직이 모여 고유한 형태와 기능을 유지
개체	여러 기관이 모여 독립적인 생명 활동을 하는 생명체

    (4) **동물과 식물의 구성 단계**
        1) **동물** : 세포 → 조직 → 기관 → 기관계 → 개체

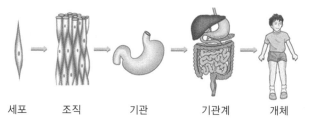

세포   조직   기관   기관계   개체

        2) **식물** : 세포 → 조직 → 조직계 → 기관 → 개체

2. 세포의 구조와 기능
    (1) **세포의 구조**

▲ 동물 세포   ▲ 식물 세포

(2) 세포의 기능

소기관	기 능
핵	DNA가 유전 정보를 저장하며, 세포의 생명 활동을 조절한다.
리보솜	DNA의 유전 정보에 따라 단백질을 합성한다.
소포체	리보솜에서 합성한 단백질을 골지체나 다른 곳으로 운반하는 물질의 이동 통로이다.
골지체	소포체에서 전달받은 단백질을 막으로 싸서 세포 밖으로 분비한다.
세포막	세포를 둘러싸는 막으로, 세포 안팎으로 물질의 출입을 조절한다.
엽록체	광합성을 통해 빛에너지를 흡수하여 포도당을 합성한다.
미토콘드리아	세포 호흡이 일어나는 장소로 포도당을 분해하여 에너지를 생성한다.
세포벽	식물 세포에서 세포막 바깥을 둘러싸며, 세포의 모양 유지 및 세포를 보호한다.
액포	물, 색소, 노폐물 등을 저장하며, 성숙한 식물 세포에서 크게 발달한다.

3. 세포막의 기능

(1) 세포막의 구조

1) **세포막의 주성분** : 인지질, 단백질

2) **세포막의 구조** : 인지질 2중층에 단백질이 파묻혀 있거나 관통하고 있는 구조이다.

3) 인지질은 친수성인 머리 부분이 물이 많은 세포의 안쪽과 바깥쪽을 향하고, 소수성인 꼬리 부분이 서로 마주보며 2중층을 이룬다.

4) 세포막은 유동성이 있어 인지질의 움직임에 따라 단백질의 위치가 바뀐다.

(2) 세포막을 통한 물질의 출입

– 세포막은 물질의 종류에 따라 선택적 투과성을 나타낸다.

1) **확산** : 세포막을 경계로 농도가 높은 쪽에서 낮은 쪽으로 분자가 이동하는 현상
   ① 인지질 2중층을 통한 확산 : 분자 크기가 작은 기체인 산소, 이산화탄소, 지용성 물질
   예 폐포와 모세 혈관 사이의 O_2와 CO_2의 교환

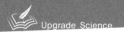

② 막 단백질을 통한 확산 : 전하를 띠는 이온, 분자 크기가 큰 포도당, 아미노산, 수
   용성 물질 예 혈액 속의 포도당이 조직 세포로 확산

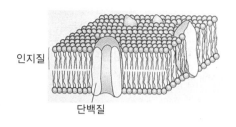

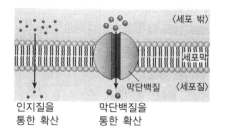

2) **삼투** : 세포막을 경계로 농도가 낮은 쪽에서 높은 쪽으로 물이 이동하는 현상
   – 물은 크기가 작으므로 단백질을 통해서도, 인지질 2중층을 통해서도 이동한다.
   ① 콩팥의 세뇨관에서 모세혈관으로 물의 재흡수
   ② 식물의 토양에서 뿌리털을 통한 물의 흡수
   ③ 삼투에 의한 적혈구의 모양 변화

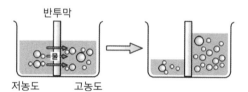

고장액	등장액	저장액
5%식염수	0.9%식염수	0.5%식염수
적혈구가 수축됨	변화 없음	적혈구가 팽창

3) **선택적 투과성의 중요성** : 세포가 생명 활동을 수행하려면 외부로부터 물질을 공급받
   고, 내부의 노폐물을 배출해야 한다. 이 때 세포막이 세포 안팎으로의 물질 출입을 선
   택적으로 조절해주므로 세포 안쪽 환경이 일정하게 유지되어 생명 활동이 원활하게
   수행된다.

02 | 물질 대사와 생체 촉매(효소)

1. 물질 대사와 반응

(1) 물질 대사

1) 생명 활동을 유지하기 위해 생물체 내에서 일어나는 모든 화학 반응을 말한다.
2) 동화 작용과 이화 작용이 있으며, 에너지가 출입한다.

3) 물질 대사에는 반응을 빠르게 도와주는 생체 촉매(효소)가 관여한다.

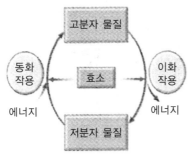
▲ 동화 작용과 이화 작용

동화 작용	이화 작용
물질의 합성 반응	물질의 분해 반응
저분자 → 고분자	고분자 → 저분자
흡열 반응	발열 반응
효소 관여	효소 관여
광합성, 단백질 합성	세포 호흡, 소화

$$CO_2 \;+\; H_2O \; \underset{\text{세포 호흡 열E}}{\overset{\text{광합성 빛E}}{\rightleftarrows}} \; C_6H_{12}O_6 \;+\; O_2$$

(2) 광합성

1) 식물의 엽록체에서 무기물로부터 유기물인 포도당을 합성하는 반응이다.

2) 빛에너지를 화학에너지로 저장하는 흡열 반응이다.

3) 대기 중의 CO_2 를 흡수하고(온난화 방지), O_2 를 방출한다.

 ※ 광합성의 영향 요인 : 빛의 세기, 빛의 파장(적색, 청색광), 온도, CO_2 농도

(3) 세포 호흡

1) 세포내 미토콘드리아에서 포도당이 세포 호흡을 통해 분해되어 에너지를 생성한다.

2) 생성된 에너지는 체온유지에 사용되고, 일부는 ATP에 저장되어 생명 활동에 이용된다.

3) 대기 중의 O_2 를 흡수하고, CO_2 를 방출한다.

2. 물질 대사 중 하나인 세포 호흡과 연소의 비교

구분	세포 호흡	연소
반응 온도	체온 범위(37℃)	고온(400℃ 이상)
반응 단계	반응이 여러 단계에 걸쳐 진행	반응이 한 번에 진행
에너지 출입	에너지 방출(열에너지)	에너지 방출(열, 빛에너지)
촉매 여부	효소가 관여함	관여하지 않음

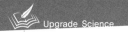
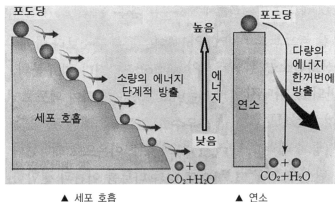

▲ 세포 호흡   ▲ 연소

3. 생체 촉매(효소)의 작용

   (1) **생체 촉매(효소)** : 생체 내에서 물질대사를 촉진하며, 효소라고도 한다.

   (2) **효소의 기능**

   1) **효소의 주성분** : 단백질

   2) 활성화 에너지를 감소시켜, 체온 범위
   에서도 반응속도를 증가시켜 준다.

   ※ 활성화 에너지 : 화학 반응이 일어나
   기 위해 필요한 최소한의 에너지

   3) 반응열은 반응물과 생성물의 에너지 차이
   이므로 효소의 사용 여부에 관계없이 일
   정하다.

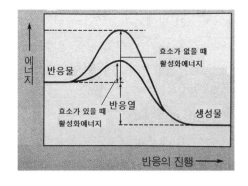

   (3) **효소의 특성과 작용 원리**

   1) **기질 특이성** : 한 종류의 효소는 입체 구조가 맞는 한 종류의 반응물(기질)에만 작용
   한다. 예 아밀레이스는 녹말은 분해하지만 단백질이나 지방은 분해하지 못한다.

   2) 효소는 반응 후에도 변하지 않으므로 반복하여 재사용할 수 있다.

   3) 효소는 단백질이므로 온도가 높으면 변성되어 그 기능을 잃고, pH에도 영향을 받는다.

   (4) **효소의 온도에 따른 작용 실험**

   과산화수소는 물과 산소로 분해되는데, 감자즙이나 생간을 넣으면, 카탈레이스가 반응
   을 빠르게 하는 촉매 작용을 한다. 그러나 삶은 간은 그 기능을 수행하지 못한다.

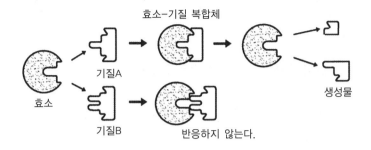

효소-기질 복합체

기질A

효소

기질B

반응하지 않는다.

생성물

(5) 우리 몸에서 효소의 작용 예

1) 음식물 속의 영양소는 소화 효소에 의해 분해되어야 몸속으로 흡수된다.

2) 상처가 나서 피가 날 때 혈액 응고 효소의 작용으로 출혈이 멈춘다.

3) 근육, 뼈 등 몸의 구성 성분을 합성하는 데 효소가 관여한다.

(6) 효소의 이용

구분	이용 예
일상생활	식혜 : 엿기름에 들어있는 아밀레이스 효소 이용 발효식품 : 빵, 김치, 된장, 치즈 등 연육제 : 배나 키위 속의 단백질 분해 효소 이용 생활용품 : 효소를 이용한 세제, 치약, 화장품
의약분야	의약품 : 소화 효소를 이용한 소화제 　　　　혈전 용해 효소를 이용한 혈전 용해제 의료기기 : 포도당 산화 효소를 이용한 요 검사지 　　　　　포도당 산화 효소를 이용한 혈당 측정기
환경분야	효소를 이용해 옥수수, 사탕수수를 분해하여 바이오 연료 생산 효소를 이용한 생활 하수, 공장 폐수 정화
산업분야	포도주 제조, 인공 감미료 생산, 유전자 재조합의 제한효소나 연결효소

Exercises

01 생명 시스템의 구조적 · 기능적 기본 단위는 (　　　)이다.

02 생명 시스템 중에서 동물의 구성 단계는 세포 → (　　　) → (　　　) → 기관계 → 개체이다.

03 유전 물질인 DNA가 들어있어서 세포의 생명 활동을 조절하는 세포 소기관을 (　　)이라 한다.

04 광합성을 통해 빛에너지를 흡수하여 포도당을 합성하는 세포내 소기관은 (　　　　　)이고, 포도당을 산소로 분해하여 에너지를 생성하는 소기관은 (　　　　　)이다.

05 세포막의 주성분은 인지질과 (　　　　)이며, 세포막은 인지질 2중층에 단백질이 파묻혀 있거나 관통하고 있는 구조로 되어있다.

06 세포막은 물질의 종류에 따라 (　　　) 투과성을 나타내는데, 세포막을 경계로 농도가 높은 쪽에서 낮은 쪽으로 분자가 이동하는 현상을 (　　　　)이라 하고, 세포막을 경계로 농도가 낮은 쪽에서 높은 쪽으로 물이 이동하는 현상은 (　　　)라 한다.

07 저분자 물질이 고분자 물질로 되는 물질 대사를 (　　　)이라 하고, 반대로 고분자 물질이 저분자 물질로 분해되는 물질 대사를 (　　　)이라 한다.

08 물질 대사 중에서 포도당이 분해되는 반응으로 체온 범위에서 여러 단계로 서서히 진행되면 세포 호흡이라 하고, 고온에서 한 번에 반응이 효소의 도움 없이 진행되면 (　　　)라 한다.

09 생체 촉매인 (　　　)는 주성분이 (　　　)이고, 반응의 활성화 에너지를 감소시켜, 체온 범위에서도 화학 반응이 빠르게 진행되도록 도와준다.

10 효소는 입체 구조가 맞는 한 종류의 반응물(기질)에만 반응하는데 이를 효소의 (　　　　　)이라 한다. 예를 들면 아밀레이스는 (　　　)은 분해하지만 단백질이나 지방은 분해하지 못한다.

정답　1. 세포　　　　2. 조직, 기관　　　3. 핵　　　　　　4. 엽록체, 미토콘드리아
　　　5. 단백질　　　6. 선택적, 확산, 삼투　7. 동화 작용, 이화 작용　8. 연소
　　　9. 효소, 단백질　10. 기질 특이성, 녹말

1. 염색체와 DNA

(1) 염색체

1) **염색사** : 핵 속에 있으며, DNA와 단백질로 이루어진 가는 실모양의 구조물이다.

2) **염색체** : 세포 분열할 때 수많은 염색사가 응축하여 염색체를 형성한다.

3) **염색체의 특징** : 염색체의 수, 모양 및 크기는 생물의 종에 따라 다르며, 같은 종이라면 염색체의 수, 모양, 크기가 서로 같다.

4) **염색체의 종류**

① 상동염색체 : 체세포에 있는 모양과 크기가 같은 2개의 염색체

② 상염색체 : 암수가 공통으로 갖는 성 결정과 관계없는 염색체를 상염색체

③ 성염색체 : 암수에 따라 모양이 다른 성을 결정하는 염색체(XX, XY)를 성염색체라 한다.

④ 사람의 체세포의 염색체 수 : 46개, 생식 세포의 염색체 수 : 23개

(2) DNA와 유전자

1) DNA는 생물의 형질을 결정하는 유전 정보를 가진 유전자의 본체이다.

2) 유전자는 유전 정보가 저장된 DNA의 특정 부분을 말한다.

3) 한 분자의 DNA에는 수많은 유전자가 존재하며, 각 유전자는 특정 단백질의 합성에 관한 유전 정보를 저장하고 있다.

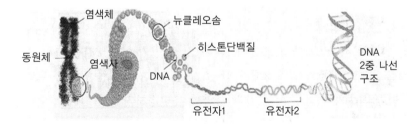

(3) 유전자와 단백질 : 유전자에 저장된 유전 정보에 따라 다양한 단백질이 합성되고, 이 단백질에 의해 다양한 형질이 나타나게 된다.

예 붉은꽃 유전자 → 붉은 색소 합성 효소(단백질) → 붉은 색소 다량 합성
　　→ 꽃 색깔이 붉어짐

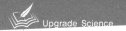

2. DNA의 구성

(1) DNA의 구성 : 뉴클레오타이드 (인산, 당, 염기 = 1 : 1 : 1)로 구성되어 있다.

(2) DNA를 구성하는 4염기 : 아데닌(A), 구아닌(G), 사이토신(C), 타이민(T)

(3) 염기의 상보적 결합 : 염기 A는 T와 (A=T), G는 C와 (G≡C) 수소 결합으로 연결된다.

(4) DNA의 구조 : 두 가닥의 폴리뉴클레오타이드가 나선형으로 꼬여 → **2중 나선구조 형성**

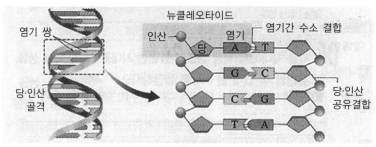

▲ DNA의 구조

3. 유전 정보의 흐름

(1) 유전 정보의 저장 : DNA의 유전 암호에는 특정 단백질을 합성하기 위한 아미노산들의 배열을 결정하는 유전 정보가 들어있다.

(2) DNA의 유전 암호

1) DNA의 염기는 4종류(A, G, C, T)인데, 아미노산은 20종류이므로 DNA의 유전 암호는 최소한 20가지가 되어야 한다.

2) 따라서 DNA의 염기 3개가 한 조가 되어, 하나의 아미노산을 지정하는 유전 암호가 된다.

3) 유전 암호는 4^3 = 64 개의 조합이 생기므로 20가지 아미노산을 모두 지정할 수 있다.

4) **트리플렛코드** : DNA 염기 3개가 한 조가 된 DNA의 유전 암호를 트리플렛코드라 하며, 이들의 수와 배열 순서에 따라 다양한 유전정보가 표현된다.

(3) 생명 중심 원리 : DNA의 유전 정보가 RNA를 거쳐 단백질로 전달된다는 원리이다.

1) 유전 정보의 발현 과정

$$DNA \xrightarrow{\text{전사}} RNA \xrightarrow{\text{번역}} 단백질 합성$$

2) **전사** : DNA의 유전 정보가 핵 속의 RNA로 전달되는 과정이다.

→ DNA의 한쪽 가닥을 주형으로 하여, 상보적인 염기를 가진 뉴클레오타이드가 결합하여 RNA가 만들어진다. (RNA염기에는 T(타이민)가 없어 U(유라실)로 전사된다.)

3) 번역 : 전사된 RNA의 정보에 따라 세포질의 리보솜에서 최종 단백질이 합성되는 과정이다.

→ 전사된 RNA가 세포질로 이동하여 리보솜과 결합하고, RNA의 코돈이 지정하는 아미노산이 펩타이드 결합에 의해 연결되어 단백질이 합성된다.

4) 코돈(codon) : 아미노산을 지정하는 RNA 염기 3개의 조합이며, 코돈 또한 64개가 있다.

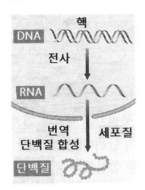

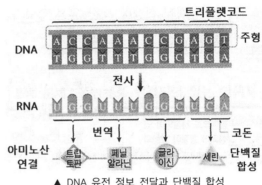

▲ DNA 유전 정보 전달과 단백질 합성

(4) 유전 암호의 공통성과 진화

– 지구상의 모든 생명체들은 동일한 유전부호 체계로 되어 있는데, 이것은 지구상의 생명체들이 공통 조상으로부터 진화하였음을 의미한다.

[예] 사람의 유전자를 대장균에 넣으면 전사와 번역을 거쳐 사람의 단백질이 합성된다.

(5) 돌연변이

– 돌연변이는 유전자의 본체인 DNA의 염기 서열에 이상이 생겨 나타나며, 그 결과 단백질을 구성하는 아미노산의 배열이 바뀌어 비정상적인 단백질을 합성되게 한다.

[예] 겸형(낫 모양) 적혈구, 페닐케톤뇨증, 알비노증 등

Exercises

01 암수가 공통으로 갖는 성 결정과 관계없는 염색체를 (   )라 하고, 암수에 따라 모양이 다른 성을 결정하는 염색체(XX, XY)를 (   )라 한다.

02 단백질 합성에 대한 유전 정보가 저장된 DNA의 특정 부분을 무엇이라고 하는가? (   )

03 (   )는 유전 정보를 저장하는 물질이고, (   )는 유전 정보를 전달하며, 단백질을 합성하는 데 관여한다.

04 DNA를 구성하는 4종류의 염기에는 아데닌( ), 구아닌( ), 사이토신( ), 타이민( )이 있다.

05 DNA는 두 가닥의 폴리뉴클레오타이드가 나선형으로 꼬여 (   )를 형성한다.

06 DNA 2중 나선을 구성하는 염기는 상보적 결합을 하고 있다. 어느 DNA 2중 나선에서 만약 A의 비율이 전체의 30%일 때 T의 비율은? (   )

07 핵에서 DNA의 한쪽 가닥을 주형으로 하여 이에 상보적인 서열을 가진 RNA가 합성되는 과정을 (   )라 한다.

08 DNA의 염기 아데닌(A)은 RNA 염기로 전사될 때 (   )로 전사된다.

09 하나의 아미노산을 지정하는 RNA 염기 3개의 조합을 (   )이라 한다.

10 단백질에 대한 유전 정보가 저장되어 있는 DNA의 염기 서열이 바뀌면 단백질의 (   ) 배열 순서가 달라져 비정상적인 단백질이 만들어진다.

11 아래의 DNA 염기로 부터 전사된 RNA의 염기 서열을 써 보시오.

A G G T T C   (   )

정답
1. 상염색체, 성염색체
2. 유전자
3. DNA, RNA
4. A, G, C, T
5. 2중 나선구조
6. 30%
7. 전사
8. 유라실(U)
9. 코돈
10. 아미노산
11. U, C, C, A, A, G

III

변화와 다양성

01 산화와 환원

01 | 지구와 생명의 역사를 바꾼 화학 반응

– 광합성, 화석 연료의 연소, 철의 제련 등의 화학 반응은 모두 산소가 관여하는 산화 환원 반응으로 지구 역사에 큰 변화를 가져오게 한 화학 반응들이다.

1. 산소의 이동에 의한 산화 환원 반응 정의

(1) 산화 : 물질이 산소를 얻는 반응이다.

$$C + O_2 \longrightarrow CO_2 \qquad 2Cu + O_2 \longrightarrow 2CuO$$
$$\underset{\text{산화}}{\underline{\qquad\qquad\quad}} \qquad\qquad\qquad \underset{\text{산화}}{\underline{\qquad\qquad\qquad\quad}}$$

(2) 환원 : 물질이 산소를 잃는 반응이다.

$$2CuO \longrightarrow 2Cu + O_2$$
$$\underset{\text{환원}}{\underline{\qquad\qquad\qquad}}$$

(3) 산화 환원 반응의 동시성 : 산화 환원 반응은 항상 동시에 일어난다.

• 붉은색의 구리를 가열하면 산화되어 검은색의 산화구리가 된다.
 검은색의 산화구리(Ⅱ)를 탄소와 섞어 다시 가열하면 산화구리는 환원되어 붉은색의 구리가 되고, 탄소는 산화되어 이산화탄소가 된다.
• 이산화탄소의 생성 확인 : 석회수가 뿌옇게 흐려진다.

$$\overset{\text{산화}}{\overbrace{\qquad\qquad\qquad\qquad}}$$
$$2CuO + C \longrightarrow 2Cu + CO_2$$
$$\underset{\text{환원}}{\underline{\qquad\qquad\qquad\qquad}}$$

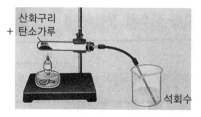

▲ 산화구리의 환원

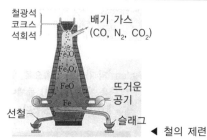

◀ 철의 제련

2. 산소의 이동에 의한 산화 환원 반응의 종류

(1) 광합성과 세포 호흡

광합성	세포 호흡
• 식물이 빛에너지와 이산화탄소, 물을 이용하여 포도당과 산소를 만드는 반응으로 엽록체에서 일어난다.	• 포도당이 산소와 반응하여 이산화탄소와 물과 에너지를 생성하는 반응으로 미토콘드리아에서 일어난다.
$6CO_2 + 6H_2O \longrightarrow C_6H_{12}O_6 + 6O_2$ 산화 / 환원	$C_6H_{12}O_6 + 6O_2 \longrightarrow 6CO_2 + 6H_2O + E$ 산화 / 환원

• 광합성 반응으로 생성된 포도당은 생물의 에너지원이 되고, 산소의 생성으로 지구에 산소 호흡을 하는 생물체가 출현하였으며, 이후 오존층이 형성되어 자외선을 차단하므로 육상 생활이 가능하게 되었다.
• 세포 호흡으로 생성된 열에너지는 생물체의 체온유지에 사용되고, 남는 에너지는 ATP에 저장했다가 생물체의 생명 활동을 지속시키는 생활에너지로 사용된다.

(2) 화석 연료의 연소

• 연소 : 물질이 산소와 빠르게 반응하여 열과 빛을 내는 현상이다.
• 화석연료(석탄, 석유, 천연가스)는 인류의 주요 에너지원으로 산업혁명과 산업 발달, 교통의 발달을 가져올 수 있게 하였다. 그러나 연소 생성물인 이산화탄소가 지구 온난화의 원인이 되고 있다.

천연가스(메테인)의 연소 : 주성분 C, H

$$CH_4 + 2O_2 \longrightarrow CO_2 + 2H_2O$$
산화 / 환원

(3) 철의 제련과 부식

① 철의 제련 : 철광석은 산화철(Fe_2O_3)이 주성분으로 산소를 제거하는 환원반응을 통해서 철이 된다.

• 용광로에서 코크스의 주성분인 탄소(C)를 불완전 연소시켜 일산화탄소를 생성시키고, 일산화탄소가 철광석의 산소를 제거하여 순수한 철을 얻게 된다.
• 인류는 철의 제련으로 무기와 도구를 만들어 사용하면서 철기시대를 열었고, 오늘날에도 철은 산업 전반에 대량 사용되고 있다.

$$2C + O_2 \longrightarrow 2CO \qquad Fe_2O_3 + 3CO \longrightarrow 2Fe + 3CO_2$$
산화 / 산화 / 환원

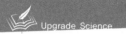

② 철의 부식 : 철은 공기 중의 산소와 물에 의해 산화되어 붉은색의 녹을 만든다. 따라서 부식을 방지하려면 산소와 물의 접촉을 막는 페인트칠을 하거나 기름칠을 하는 것이 좋다.

$$4Fe \ + \ 3O_2 \ + \ xH_2O \longrightarrow Fe_2O_3 \ \cdot \ xH_2O$$
└─────── 산화 ───────┘

3. 전자의 이동에 의한 산화 환원 반응 정의

(1) 산화 : 전자를 잃는 반응이다.

(2) 환원 : 전자를 얻는 반응이다.

$$Zn \longrightarrow Zn^{2+} \ + \ 2e^- \qquad\qquad Cu^{2+} \ + \ 2e^- \longrightarrow Cu$$
└ 산화 ┘ └────── 환원 ──────┘

(3) 산화 환원 반응의 동시성 : 한 물질이 전자를 잃으면, 다른 물질은 전자를 얻는다.
 - Zn은 전자를 2개 잃고 산화되었고, Cu^{2+}는 전자를 2개 얻어 환원되었다.

┌─────── 산화 ───────┐
$$Zn \ + \ Cu^{2+} \longrightarrow Zn^{2+} \ + \ Cu$$
└─────── 환원 ───────┘

4. 전자의 이동에 의한 산화 환원 반응의 종류

(1) 금속과 묽은 염산(HCl)의 반응

1) 묽은 염산에 아연(Zn)을 넣으면, 아연은 산화되어 Zn^{2+} 양이온이 되고, 수소이온(H^+)은 환원되어 수소(H_2) 기체가 발생한다. (단, 수소보다 반응성이 작은 금속은 반응하지 않는다.)

┌─────── 산화 ───────┐
2) $Zn \ + \ 2H^+ \longrightarrow Zn^{2+} \ + \ H_2$
└─────── 환원 ───────┘

3) 금속의 반응성 크기(참고) :

금속	K Ca Na Mg Al Zn Fe Ni Sn Pb (H) Cu Hg Ag Pt Au
반응성의 크기	크 다 ←───────────────────→ 작 다

(2) 금속과 금속 염 수용액의 반응

1) 구리(Cu)와 질산은($AgNO_3$) 수용액의 반응

- 질산은 수용액에 구리선을 넣으면, 구리(Cu)는 산화되어 녹아 수용액이 푸른색(Cu^{2+})을 띠게 되고, Ag^+ 양이온은 환원되어 구리 표면에 금속 은(Ag)으로 석출된다.

$$\overset{\overbrace{\qquad\qquad 산화 \qquad\qquad}}{\underset{\underbrace{\qquad\qquad\qquad 환원 \qquad\qquad\qquad}}{Cu\ +\ 2Ag^+\ \longrightarrow\ Cu^{2+}\ +\ 2Ag}}$$

2) 아연(Zn)과 황산구리($CuSO_4$)(Ⅱ) 수용액의 반응

- 황산구리 수용액에 아연판을 넣으면, 아연(Zn)은 산화되어 녹아 Zn^{2+}이 되고, 푸른색을 띠던 Cu^{2+}의 수용액은 구리 금속(Cu)으로 환원되어 아연판 표면에 석출되므로 푸른색이 점점 옅어진다.

$$\overset{\overbrace{\qquad\qquad 산화 \qquad\qquad}}{\underset{\underbrace{\qquad\qquad\qquad 환원 \qquad\qquad\qquad}}{Zn\ +\ Cu^{2+}\ \longrightarrow\ Zn^{2+}\ +\ Cu}}$$

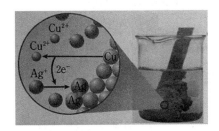
▲ 구리선과 질산은 수용액의 반응

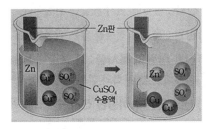
▲ 아연과 황산구리 수용액의 반응

(3) 금속과 비금속의 반응

- 나트륨과 염소의 반응 : 금속 나트륨을 염소 기체가 들어 있는 용기에 넣으면 불꽃을 내며 반응한다. 이때, 나트륨은 전자를 잃고 산화되어 양이온(Na^+)이 되고, 비금속인 염소는 전자를 얻고 환원되어 음이온(Cl^-)이 되어, 이온 결합물질인 염화나트륨(NaCl)을 생성한다.

$$\overset{\overbrace{\qquad\qquad 산화 \qquad\qquad}}{\underset{\underbrace{\qquad\qquad\qquad 환원 \qquad\qquad\qquad}}{2Na\ +\ Cl_2\ \longrightarrow\ 2NaCl}}$$

(4) 우리 주변의 기타 산화 환원 반응 : 종이의 변색, 과일의 갈변, 음식의 부패, 포도당의 발효, 정수장의 소독, 상처에 바르는 과산화수소수, 김치의 발효, 손난로, 반딧불이의 불빛, 머리의 염색, 섬유의 표백 등

Exercises

01 화학 반응에서 산소를 얻는 것을 (   ), 산소를 잃는 것을 (   )이라 한다.

02 실제로 산화 환원 반응은 독립적인 반응이 아니며, 항상 (   ) 일어 난다.

03 검은색의 산화구리(Ⅱ)를 탄소와 섞어 가열하면 산화구리는 환원되어 붉은색 의 (   )가 되고, 탄소는 산화되어 이산화탄소가 된다. 반응이 진행되었다면 이산화탄소의 생성으로 (   )가 뿌옇게 흐려진다.

04 연소란 물질이 (   )와 빠르게 반응하여 열과 빛을 내는 것으로, 연소되 는 물질은 (   )되는 것이다.

05 다음 반응식의 A, B에 산화 또는 환원을 써 보시오.

$$CuO + H_2 \xrightarrow{\quad(A\qquad)\quad} Cu + H_2O$$
$$\text{(B}\qquad)$$

06 다음의 반응 중에서 산화, 환원 반응이 <u>아닌</u> 것을 고르면?
① 철의 제련　　　　　　　　② 식물의 광합성
③ 숯의 연소 반응　　　　　　④ 설탕의 용해 반응

07 어떤 물질이 전자를 잃는 반응을 (   ), 전자를 얻는 반응을 (   )이라 한다.

08 묽은 염산에 금속 아연(Zn)을 넣으면, 아연은 산화되어 Zn^{2+}이온이 되고, 수 소 이온(H^+)은 환원되어 (   ) 기체를 발생한다.

09 질산은($AgNO_3$) 수용액에 금속 구리(Cu)를 넣으면 용액이 점차 푸른색으로 변하게 된다. 이 때 수용액이 푸른색으로 나타나는 원인은 어떤 물질 때문 인가? (   )

10 황산구리($CuSO_4$) 수용액에 아연판을 넣으면 아연(Zn)은 (   )되어 녹아 Zn^{2+}이 되고, 푸른색의 Cu^{2+}이온은 (   )되어 아연판 표면에서 구리 금속(Cu)으로 석출된다.

정답　1. 산화, 환원　　　2. 동시에　　　3. 구리, 석회수　　　4. 산소, 산화
5. A 환원, B 산화　　6. ④　　　7. 산화, 환원　　　8. 수소
9. 구리 이온(Cu^{2+})　　10. 산화, 환원

02 산과 염기

01 | 산과 염기

1. 산의 성질

(1) 산 : 물에 녹아 이온화하여 수소 이온(H^+)을 내어 놓는 물질이다.

(2) 산의 이온화

산		이온화		이온화도
HCl	$\longrightarrow$	H^+ +	Cl^-	0.92
HNO_3	$\longrightarrow$	H^+ +	NO_3^-	0.92
H_2SO_4	$\longrightarrow$	$2H^+$ +	SO_4^{2-}	0.52
H_2CO_3	$\longrightarrow$	$2H^+$ +	CO_3^{2-}	0.0017
CH_3COOH	$\longrightarrow$	H^+ +	CH_3COO^-	0.013
		공통성	특이성	

(3) 산의 공통 성질(산성) : 수소 이온(H^+)이 공통이기 때문 !

탄소 막대
산 수용액

1) 수용액은 신맛이 난다.

2) 수용액은 전류를 흐르게 하는 전해질이다.

3) 금속과 반응하여 수소(H_2) 기체를 발생시킨다.

$$Mg\ +\ 2HCl\ \rightarrow\ MgCl_2\ +\ H_2$$

4) 달걀(조개)껍데기, 석회석, 대리석의 주성분인 탄산칼슘($CaCO_3$)과 반응하여 이산화
탄소를 발생시킨다.

$$CaCO_3\ +\ 2HCl\ \rightarrow\ CaCl_2\ +\ CO_2\ +\ H_2O$$

5) 지시약을 변색시킨다.

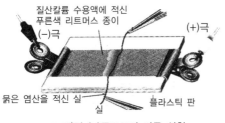

질산칼륨 수용액에 적신
푸른색 리트머스 종이
(−)극   (+)극
묽은 염산을 적신 실   실   플라스틱 판
▲ H^+의 (−)극으로의 이동 실험

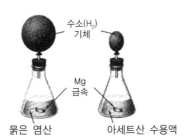

수소(H_2) 기체
Mg 금속
묽은 염산   아세트산 수용액

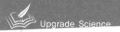

(4) 우리 주변의 산성 물질

주변의 산성 물질	포함된 산	주변의 산성 물질	포함된 산
과일(레몬)	시트르산	탄산음료	탄산
포도, 파인애플	타르타르산	김치, 유산균 음료	젖산
식초	아세트산	진통제	아세틸살리실산

(5) 산의 특이성 : 산이 내놓는 음이온이 서로 다르기 때문이다.

2. 염기의 성질

(1) 염기 : 물에 녹아 이온화하여 수산화 이온(OH^-)을 내어 놓는 물질이다.

(2) 염기의 이온화

염기		이온화		이온화도
$NaOH$	$\longrightarrow$ Na^+	$+$	OH^-	0.91
KOH	$\longrightarrow$ K^+	$+$	OH^-	0.91
$Ca(OH)_2$	$\longrightarrow$ Ca^{2+}	$+$	$2OH^-$	0.90
NH_4OH	$\longrightarrow$ NH_4^+	$+$	OH^-	0.013
	특이성		공통성	

(3) 염기의 공통적 성질(염기성) : 수산화 이온(OH^-)이 공통이기 때문 !

　1) 수용액은 쓴맛이 난다.

　2) 수용액은 전류를 흐르게 하는 전해질이다.

　3) 금속이나 탄산칼슘과 반응하지 않는다.

　4) 단백질을 녹이므로 손에 묻으면 미끈거린다.

　5) 지시약을 변색시킨다.

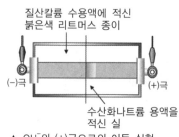

질산칼륨 수용액에 적신
붉은색 리트머스 종이

(−)극　　　　　　　(+)극

수산화나트륨 용액을
적신 실

▲ OH^-의 (+)극으로의 이동 실험

(4) 우리 주변의 염기성 물질

주변의 염기성 물질	포함된 염기	주변의 염기성 물질	포함된 염기
비누, 하수구세정제, 유리세정제	수산화나트륨	제산제	수산화마그네슘
베이킹소다	탄산수소나트륨	치약	탄산나트륨

(5) 염기의 특이성 : 염기가 내놓는 양이온이 서로 다르기 때문이다.

3. 산과 염기의 세기

(1) 강산(강염기) : 수용액에서 대부분 이온화되어 H^+ (OH^-)를 많이 내는 산(염기)

강산 : HCl, H_2SO_4, HNO_3 강염기 : $NaOH$, KOH, $Ca(OH)_2$

(2) 약산(약염기) : 수용액에서 일부만 이온화되어 H^+ (OH^-)를 적게 내는 산

약산 : CH_3COOH, H_2CO_3 약염기 : NH_4OH, $Mg(OH)_2$

02 | 산과 염기의 구별

1. 지시약 : 수용액의 액성을 판단할 때 사용하는 물질

지시약	산성	중성	염기성
리트머스 종이	붉은색	–	푸른색
메틸오렌지 용액	붉은색	주황색	노란색
페놀프탈레인 용액	무색	무색	붉은색
BTB 용액	노란색	녹색	푸른색

2. 천연 지시약 : 자주색 양배추, 붉은색 장미꽃, 포도 껍질, 검은 콩 등에서 추출한 용액

3. pH : 수용액에 들어있는 H^+ 농도를 간단한 수치로 나타낸 값이다.

·pH 〈 7 : 산성	·pH = 7 : 중성	·pH 〉 7 : 염기성

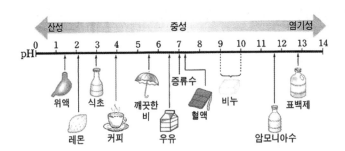

4. **이산화탄소의 해양 산성화** : 화석 연료의 연소, 화산 분출, 산불 등으로 발생한 이산화탄소는 바다에 녹아 탄산(H_2CO_3)이 되고, 이온화되어 생성된 수소 이온(H^+)이 산호나 조개류의 석회질 성분과 반응하여 석회질 껍데기 생성을 방해한다.

03 | 중화 반응

1. **중화 반응** : 산과 염기가 반응하여 염과 물을 생성하는 반응으로 발열 반응이다.

산 + 염기 → 염 + 물 + 열

2. **중화 반응식** : 산의 H^+ 이온과 염기의 OH^- 이온이 1 : 1 로 반응한다.

예 $HCl + NaOH \rightarrow NaCl + H_2O$

알짜 반응식 : $H^+ + OH^- \rightarrow H_2O$

(1) 혼합 용액의 액성 파악하기

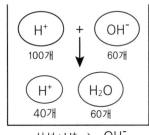

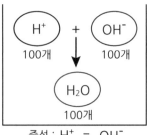

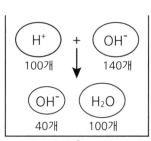

(2) 중화점 찾기

  예 산성 용액에 BTB 지시약을 넣었다면, 노란색이 녹색으로 변하는 순간에 염기를 가하는 것을 멈춘다. 이때가 중화점이다.

3. 중화열 : 중화 반응은 발열 반응이므로 열이 발생한다.

  (1) 반응하는 산의 H^+ 와 염기의 OH^- 수가 많을수록 열이 많이 난다.

  (2) 완전 중화되었을 때(중화점)가 가장 많은 열이 난다.

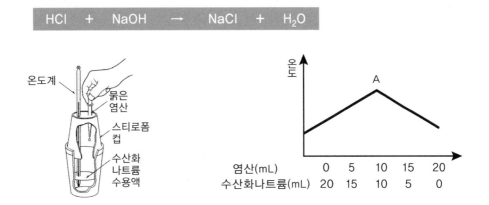

4. 중화 반응의 이용

  (1) 개미나 벌에 쏘였을 때 암모니아수(NH_4OH)를 바른다.

  (2) 위산(pH=2) 과다에 제산제를 복용한다.

  (3) 산성 토양의 중화에 석회 가루를 뿌린다.

  (4) 생선 비린내 제거에 레몬즙을 뿌린다.

  (5) 공장의 이산화황 배기가스를 산화칼슘으로 중화시킨다.

  (6) 비누로 머리 감았을 때, 식초 한 두 방울 탄물로 헹군다.

  (7) 신 김치에 베이킹소다를 넣어 중화시킨다.

  (8) 식사 후에 입안에 생기는 산성 물질을 치약으로 양치질한다.

Exercises

01 산의 수용액은 (　　)맛이 나고, 염기의 수용액은 (　　)맛이 나며, 산의 공통적인 성질은 (　　　　) 때문이고, 염기의 공통적인 성질은 (　　　　　) 때문이다.

02 금속을 산과 반응시키면 (　　) 기체를 발생시키고, 달걀 껍데기 같은 탄산칼슘과 산을 반응시키면 (　　　　　) 기체를 발생시키지만, 염기는 반응하지 않는다.

03 산과 염기 모두 수용액에서는 전류를 흐르게 하는 (　　　)이다.

04 묽은 염산과 수산화나트륨 수용액에 BTB용액을 떨어뜨리면 묽은 염산에서는 (　　　)색이 수산화나트륨에서는 (　　　)색이 나타난다.

05 다음 물질의 수용액에 마그네슘(Mg) 조각을 넣었을 때 수소(H_2) 기체를 발생시키지 <u>않는</u> 것을 모두 고르면?
① HCl　　　② NaOH　　　③ HNO_3　　　④ H_2SO_4　　　⑤ KOH

06 용액의 산성, 염기성에 따라서 색깔이 변하는 물질을 (　　　)이라고 하며, 용액의 액성을 파악할 때 사용한다.

07 산과 염기를 반응시켜 중화시킬 때 항상 공통적으로 생성되는 물질은 (　　) 이다.

08 산과 염기의 중화 반응은 발열 반응이다. 열이 가장 많이 발생할 때가 (　　) 이다.

09 산의 H^+ 100개와 염기의 OH^- 60개를 중화 반응시키면 물 분자 (　　)개가 생기고, H^+이온 (　　)개가 남으므로, 전체 수용액은 (　　)을 나타낸다.

10 다음 중 생활 속의 중화 반응을 이용한 예가 <u>아닌</u> 것은?
① 벌에 쏘였을 때 암모니아수(NH_4OH)를 바른다.
② 위산(pH=2) 과다에 제산제를 복용한다.
③ 생선 비린내 제거에 레몬즙을 뿌린다.
④ 수돗물에 질산은($AgNO_3$) 용액을 가하면 뿌옇게 흐려진다.

정답 1. 신, 쓴, 수소 이온(H^+), 수산화 이온(OH^-)　2. 수소(H_2), 이산화탄소(CO_2)　3. 전해질
4. 노란, 푸른　　　　　　　5. ②, ⑤　　　6. 지시약　　　　　　　7. 물(H_2O)
8. 중화점　　　　　　　　9. 60, 40, 산성　　　　　　　　　　10. ④

03 지질 시대와 진화

01 | 화석과 지질 시대

1. 화석

(1) **화석** : 지질 시대에 살았던 생물의 유해나 흔적이 지층 속에 남아 있는 것이다.

　1) **화석의 예** : 생물의 발자국, 뼈, 알, 기어간 흔적, 배설물, 빙하나 호박 속에 갇힌 생물 등

　2) **화석의 발견** : 셰일, 석회암, 사암 등과 같은 퇴적암 속에서 발견된다.

　3) **화석의 생성 조건** : 단단한 뼈나 껍데기가 있고, 개체수가 많고, 빨리 묻히고, 지각 변동을 적게 받을수록 화석으로 남기 쉽다.

(2) **화석의 구분**

　1) **표준 화석** : 넓은 범위에 걸쳐 짧은 기간 동안 생존한 생물 화석으로, 지질 시대의 구분에 이용된다.

　　예 삼엽충, 갑주어, 공룡, 암모나이트, 화폐석, 매머드

　2) **시상 화석** : 좁은 범위의 특정한 환경에서 서식하는 생물 화석으로, 환경에 대한 정보를 제공해 준다.

　　예 고사리, 산호, 조개

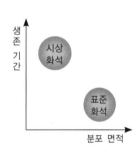

구분	표준 화석			시상 화석		
정의	지층의 생성 시대를 알려주는 화석			지층의 생성 당시 환경을 알려주는 화석		
조건	생존 기간이 짧고, 분포 면적이 넓다.			생존 기간이 길고, 분포 면적이 좁다.		
화석	삼엽충 갑주어　필석 방추충	공룡 암모나이트　시조새	화폐석　매머드	고사리　따뜻하고 습한 육지　활엽수	산호　따뜻하고 얕은 바다	조개　얕은 바다나 갯벌　침엽수
시대 및 환경	고생대	중생대	신생대	강수량 많고 습한 육지		강수량 적고 습도 낮은 육지

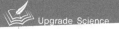

2. 화석으로 알 수 있는 것

(1) 지층 생성 시대와 당시의 환경 : 표준 화석과 시상 화석으로 알 수 있다.

(2) 지층의 대비 : 표준 화석을 이용하여 멀리 떨어진 두 지층의 생성 시대를 비교할 수 있다.

(3) 과거의 수륙 분포 : 화석을 통해 지층 생성 당시에 그 지역이 육지 환경이었는지 바다 환경이었는지 등을 알 수 있다.

(4) 대륙의 이동 : 멀리 떨어진 대륙의 화석들을 비교하여 대륙이 어떻게 이동했는지를 알 수 있다.

(5) 지층의 융기 : 강원도 삼척의 삼엽충, 히말라야의 암 모나이트 화석을 통해 지층이 융기했음을 알 수 있다.

(6) 생물 진화 과정 : 생성 연대가 다른 지층에서 발견되는 화석으로 생물의 진화 정도를 알 수 있다.

글로소프테리스 화석

　　예 시조새의 화석 : 파충류와 조류의 중간형

02 | 지질 시대의 환경과 생물

1. 지질 시대의 구분

(1) 지질 시대 : 지구가 탄생한 46억 년 전부터 현재까지의 지구의 역사를 말한다.

　　1) 지구 환경의 급격한 변화로 인한 생물계의 변화를 기준으로 구분한다.

　　2) **지질 시대의 길이** : 선캄브리아대가 전체 지질 시대의 약 87%를 차지하며, 이후로 갈수록 길이가 짧아진다.

(2) 지질 시대의 환경

　　1) 지질 시대의 기후

구분	선캄브리아대	고생대	중생대	신생대
기후 특징	초기에는 빙하기로 인해 추운 시기, 말기에는 온난	대체로 온난 습윤 했으나, 중기와 말기에 빙하기	빙하기 없이 온난	후기에 빙하기와 간빙기가 반복

2) 지질 시대의 수륙 분포

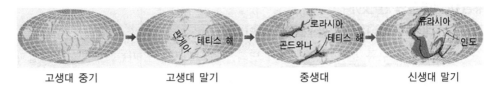

| 고생대 중기 | 고생대 말기 | 중생대 | 신생대 말기 |

(3) 지질 시대의 생물

1) 선캄브리아대 : 46억 년~5억4천만 년

① 바다에서 최초로 단세포 생물과 원시 해조류 등이 출현하였다.

② 광합성을 하는 남세균의 출현으로 산소량이 증가하였고, 산출되는 화석은 남세균이 쌓여 형성된 스트로마톨라이트가 대표적이다.

2) 고생대 : 5억4천만 년~2억5천만 년

① 대기에 오존층의 형성으로 육상 생물이 출현하였다.

② 선캄브리아대에 비해 생물종이 급격히 증가하여 다양한 화석이 산출된다.

③ 말기에 판게아 형성, 화산 분출, 빙하기 등으로 생물의 대량 멸종이 있었다.

　　㉠ 바다 : 무척추 동물(삼엽충, 필석, 방추충, 완족류), 어류(갑주어) 번성

　　㉡ 육지 : – 양서류, 곤충류, 양치 식물(고사리) 번성

　　　　　　 – 양치 식물이 대량 묻혀 석탄층 형성

3) 중생대 : 2억5천만 년~6천5백만 년

① 동물로는 암모나이트와 파충류, 식물로는 겉씨 식물이 크게 번성하였다.

② 말기에 운석의 충돌로 암모나이트와 공룡 등의 생물이 대량 멸종하였다.

　　㉠ 바다 : 암모나이트 번성

　　㉡ 육지 : 파충류 시대(공룡), 겉씨 식물(은행, 소나무, 소철) 번성, 시조새

4) 신생대 : 6천5백만 년~1만 년 전

① 동물로는 포유류, 식물로는 속씨 식물이 번성하였다.

② 말기에 인류의 조상이 출현하였다.

　　㉠ 바다 : 대형 유공충인 화폐석 번성

　　㉡ 육지 : 포유류 시대(매머드), 조류, 속씨 식물(밤나무, 참나무) 번성, 인류의 직계 조상 출현

2. 대멸종과 생물 다양성

(1) 대멸종의 원인

1) 지질 시대에는 5번의 대멸종이 있었다.

2) **원인** : 수륙 분포와 해수면의 변화, 대륙의 이동에 따른 대규모의 지진과 화산 활동, 빙하기 같은 기후 변화, 운석 충돌로 추정한다.

큰 규모	시기	특징
3차 대멸종	고생대 말	판게아 형성, 빙하기 등으로 역사상 가장 큰 규모의 대멸종, 중생대가 시작되게 함
5차 대멸종	중생대 말	운석의 충돌로 대멸종, 신생대가 시작되게 함

(2) 대멸종과 생태계

지구 환경의 급격한 변화는 대멸종의 원인이 되지만, 살아남은 생물은 다양한 종으로 분화되고 진화하여 새로운 생태계, 즉 생물 다양성을 증가시켰다.

Exercises

개 ▪ 념 ▪ 원 ▪ 리

01 지질 시대에 살았던 생물의 유해나 흔적이 지층 속에 남아 있는 것을 (   ) 이라고 한다.

02 화석은 셰일, 석회암, 사암 등과 같은 (   ) 속에서 주로 발견된다.

03 지질 시대의 특정한 시기에만 살았던 생물 화석으로 지층의 생성 시대를 알려주는 화석을 (   )이라고 한다.

04 지질 시대의 특정한 환경에서만 살았던 생물 화석으로 지층 생성 당시의 환경을 알려주는 화석을 (   )이라고 한다.

05 표준 화석과 시상 화석에 대한 설명이다. 옳은 것은 O, 틀린 것은 X 하시오.
(1) 표준 화석은 생존 기간이 길고, 분포 면적은 좁은 것이 특징이다. (   )
(2) 서로 떨어진 두 지층에서 각각 삼엽충 화석과 갑주어 화석이 나왔다면 두 지층은 같은 고생대에 퇴적된 지층이라고 볼 수 있다. (   )
(3) 에베레스트산에서 산호, 조개 화석이 나왔다면 이 지역은 중생대 지층임을 알려준다. (   )
(4) 고사리 화석이 발견된 지역은 과거에 따뜻하고 습한 육지 환경임을 알려준다. (   )

06 선캄브리아 시대 초기에는 (   )이 형성되지 않아서 태양의 강한 자외선이 지표면에 도달했기 때문에 육지에는 생물이 살 수 없어, (   )에서 단세포 생물이 출현하였다.

07 가장 긴 지질 시대이고, 단세포 생물이 출현했으며, 특히 광합성을 하는 (   )의 출현으로 대기에 산소량이 증가하게 된 지질 시대는 (   )이다.

08 바다에는 삼엽충, 갑주어, 필석이 번성을 하였고, 육지에는 오존층이 형성되어 양치 식물이 번성했던 지질 시대는 (   )이다.

09 육지에 공룡 등의 파충류가 전 기간 동안 번성하였던 지질 시대는 (   )이다.

10 지질 시대에는 5번의 (   )이 있었고, 살아남은 생물은 다양한 종으로 분화되고 진화하여 새로운 생태계, 즉 생물 다양성이 증가하였다.

정답   1. 화석   2. 퇴적암   3. 표준 화석   4. 시상 화석
5. X, O, X, O   6. 오존층, 바다   7. 남세균, 선캄브리아대
8. 고생대   9. 중생대   10. 대멸종

04 생물 다양성과 유지

01 | 생물의 진화

1. 진화와 변이

(1) **진화** : 생물이 오랜 시간 동안 여러 세대를 거치면서 환경에 적응하여 변화하는 현상을 말한다.

　1) 여러 세대를 거치면서 변화가 쌓이면 형질이 조상과는 많이 달라져 결국 새로운 종이 출현하게 되는 것이다.

　2) 진화의 결과 오늘날 다양한 생물종이 나타나게 되었다.

(2) **변이** : 같은 종의 개체 사이에서 나타나는 습성, 형태 등의 형질의 차이를 말한다.

　1) 완두의 모양 차이, 달팽이의 무늬 차이, 무당벌레의 무늬 차이 등

　2) 형질을 결정하는 대립 유전자의 차이에 의해 나타나므로 자손에게 전달된다.

　3) 여러 세대에 걸쳐 변이가 전달되고 쌓이면서 진화가 일어나므로, 변이는 진화를 일으키는 원동력이 된다.

(3) **유전적 변이의 원인** : 돌연변이와 생식 세포의 다양한 조합(유성생식)에 의해 일어난다.

구분	돌연변이	유성생식
개념	유전 물질(DNA)에 변화가 일어나 부모에 없던 형질이 자손에 나타나는 현상	암수의 생식 세포 수정으로 다양한 형질의 자손이 만들어짐
특징	새로운 대립 유전자가 만들어져 새로운 형질을 가진 자손이 나타날 수 있다.	부모의 유전자가 다양하게 조합되어 부모와 다른 형질의 자손이 나타날 수 있다.
예	붉은 분꽃(RR)의 무리에서 돌연변이가 일어나 흰 분꽃(WW)이 나타났다.	붉은 분꽃(RR)과 흰 분꽃(WW) 사이에서 분홍 꽃(RW)이 나타났다.

2. 다윈의 진화론

(1) **자연 선택설 (다윈)** : 같은 종의 개체들 내에서 변이가 일어나고, 먹이, 서식 공간을 두고 서로 경쟁하여 환경에 유리한 형질을 가진 개체가 살아남아 자연 선택이 되어 새로운 종이 된다는 학설이다.

(2) 자연 선택에 의한 기린의 진화

① 변이 : 기린의 집단 내에는 목 길이가 다양한 개체들이 존재하였다.

② 생존 경쟁 : 한정된 먹이, 서식 공간을 두고 생존 경쟁이 일어났다.

③ 자연 선택 : 지상의 먹이가 고갈되자 좀 더 높은 곳의 먹이를 먹을 수 있는 목이 긴 개체가 살아남아 목이 긴 형질을 자손에게 전달하였다.

④ 진화 : 여러 세대가 지나면서 반복되어 긴 목을 갖는 기린으로 진화하였다.

▲ 다윈의 자연 선택설

(3) 자연 선택에 의한 핀치새의 진화

원래 같은 종이었던 핀치새들이 갈라파고스 군도의 각 섬에 흩어져 살게 되면서, 각 섬의 먹이, 환경에서 생존 경쟁을 하게 되고, 각 섬의 먹이, 환경에 적합한 부리를 가진 핀치새가 자연 선택이 되고 진화한 결과, 현재 각 섬마다 새들의 부리 모양이 서로 달라졌다.

크고 단단한 씨앗을 맺는 나무가 서식하는 섬에서 산 큰부리땅핀치의 진화 과정

① 변이 : 부리 모양이 다양한 핀치 무리가 살고 있었다.

② 생존 경쟁 : 크고 단단한 씨앗에 대한 먹이 경쟁이 일어났다.

③ 자연 선택 : 크고 단단한 씨앗을 잘 깨뜨릴 수 있는, 크고 두꺼운 부리를 가진 개체가 살아남아 형질을 자손에게 물려주었다.

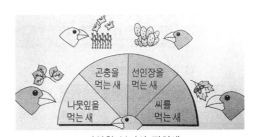

▲ 다양한 부리의 핀치새

④ 진화 : 여러 세대가 지나면서 반복되어 오늘날 큰부리땅핀치로 진화하였다.

(4) 자연 선택에 의한 낫모양 적혈구의 진화

낫모양 적혈구는 헤모글로빈 유전자의 돌연변이로 나타나는데, 보통의 지역에서는 심한 빈혈 때문에 생존에 불리하지만, 말라리아가 발생하는 아프리카의 일부 지역에서는 낫모양 적혈구를 가진 사람이 말라리아에 저항성이

▲ 정상 적혈구

▲ 겸형 적혈구

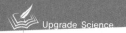

있어서, 오히려 생존에 유리하므로 자연 선택이 되어 인구 중 다수를 차지하게 되었다.

(5) 자연 선택에 의한 항생제 내성 세균의 진화

세균 집단에서 변이가 발생하여 항생제 내성 세균이 나타나고, 지속적으로 항생제가 사용되는 환경에서 생존에 유리하므로, 자연 선택이 되어 점점 항생제 내성 세균의 비율이 높아지고 있다.

3. 다윈의 진화론이 과학, 사회에 미친 영향

(1) 과학 : 생명 과학의 이론적 기반이 되었고, 유전학, 분자 생물학 등이 발전하는 계기가 되었다.

(2) 사회 : 경쟁을 기반으로 하는 자본주의에 영향을 주었고, 사회 진화론이 발달하여 제국주의가 출현하면서 식민 지배와 인종 차별을 정당화하는 데 영향을 주었다.

4. 다양한 생물의 출현과 생명체의 출현 가설

(1) 다양한 생물체의 출현과 진화

지구 환경의 변화는 자연 선택에 영향을 주므로, 생물들은 각각의 환경에 적합한 방향으로 자연 선택이 되었고, 오랫동안 반복되면서 현재와 같은 다양한 생물 종을 형성하였다.

(2) 지구 생명체의 출현 가설

1) 생명체의 출현 과정

> 무기물 → 간단한 유기물 → 복잡한 유기물 → 원시 세포 → 원시 생명체 → 진화

2) 3가지 출현 가설

① 화학 진화설 : 원시 대기에서 화학 반응에 의해 무기물로부터 간단한 유기물인 아미노산이 합성되면서 생명체 탄생이 시작되었다는 가설이다. 원시 대기 성분과 유사한 조건에서 수행한 밀러의 실험 결과에 의해 지지된다.

② 심해 열수구설 : 심해 열수구에서 화학 반응이 일어나 유기물이 생성되었고, 이로 인해 생명체가 탄생했다는 가설이다. 열수구는 온도가 높아 에너지가 풍부하며, 다양한 물질이 존재한다는 사실에 의해 지지된다.

③ 외계 유입설 : 우주에서 만들어진 유기물이 운석을 통해 지구로 운반되어 시작되었다는 가설이다. 지구에 떨어진 운석에 아미노산 같은 유기물이 포함된 사실에 의해 지지된다.

02 | 생물 다양성

1. 생물 다양성

일정한 생태계에 존재하는 생물의 다양한 정도를 말하며, 유전적 다양성, 종 다양성, 생태계 다양성을 모두 포함하는 개념이다.

(1) 유전적 다양성 : 같은 생물종이라도 하나의 형질을 결정하는 유전자의 다양한 정도를 의미한다. 생태계를 구성하는 생물은 같은 종이라도 서로 다른 유전자를 가지고 있어 크기, 색깔, 수명 등의 형질이 다르게 나타난다.

  예 ① 터키 달팽이는 개체마다 껍데기의 무늬와 색이 다양하다.
  　② 채프먼얼룩말은 개체마다 털 줄무늬가 다양하다.

(2) 종 다양성 : 일정한 지역에 얼마나 많은 생물종이 얼마나 고르게 분포하며 서식하는가를 의미한다. 생물종이 많을수록 각 생물종의 분포 비율이 균등할수록 종 다양성이 높고 안정한 생태계를 이룬다.

(3) 생태계 다양성 : 어느 지역에 존재하는 생태계의 다양한 정도를 말한다.
산림, 초원, 하천, 해양, 농경지 등 다양한 생태계가 존재할수록 종 다양성과 유전적 다양성도 높아진다.

▲ 유전적 다양성

▲ 종 다양성

▲ 생태계 다양성

2. 생물 다양성의 중요성과 생물 자원의 이용

(1) 생물 다양성의 중요성

  1) **유전적 다양성의 중요성** : 유전적 다양성이 높은 집단은 개체들의 형질이 다양하므로, 유전적 다양성이 낮은 집단에 비해 변이가 다양하다. 따라서 급격한 환경 변화에 적응하여 살아 남을 개체의 확률이 높으므로 환경 변화에 대한 적응력이 높아 멸종할 확률이 낮다.

  예 현재 재배되는 식용 바나나는 '캐번디시'라는 단일 품종으로 대량 재배함으로써, 유전적 다양성이 낮아 특정 곰팡이에 의한 질병으로 멸종 위기에 처해 있다.

2) **종 다양성의 중요성** : 종 다양성이 높은 생태계는 생물 사이의 먹이 사슬이 복잡하게 형성된다. 따라서 어느 한 종이 멸종되어도 생태계가 안정적으로 유지된다.

▶ 위험한 생태계　　　　　　　　　◀ 안정된 생태계

3) **생태계 다양성의 중요성** : 생태계 다양성이 높은 지역에는 다양한 환경 조건이 존재한다. 따라서 서로 다른 환경에 적응하여 다양한 종이 진화할 수 있으며, 그 결과 유전적 다양성과 종 다양성이 높아진다.

(2) 생물 다양성과 생물 자원의 이용

자원의 종류	이용
식량	쌀, 보리, 옥수수, 콩 등의 식물과 소, 돼지, 닭 등의 동물
의복	목화, 누에고치 등
의약품	버드나무(아스피린), 푸른 곰팡이(페니실린), 주목나무(택솔)
목재	소나무, 참나무 등
유전자 자원	해충 저항성 유전자를 이용한 농작물 개발 등
관광 자원	국립공원, 수목원 등

3. 생물 다양성의 감소 원인과 보전

(1) 생물 다양성의 감소 원인

① 서식지 파괴 : 농지 확장, 삼림 벌채, 도시 개발, 습지 매립 등으로 생물의 서식지가 감소되거나 없어진다.

② 서식지 단편화 : 도로나 철도 건설 등으로 대규모의 서식지가 소규모로 분할된다.

③ 불법 포획과 남획 : 불법 포획과 남획으로 특정 생물종이 멸종되거나 개체수가 감소될 수 있다.(아프리카 코끼리, 호랑이, 늑대, 여우)

④ 외래종 도입 : 외래종은 천적이 없으면 대량 번식할 수 있어 고유종의 생존을 위협한다.(배스, 가시박)

⑤ 환경 오염 : 농약, 생활 하수, 공장 폐수, 화석 연료 사용에 의한 배기 가스(산성비) 등으로 인해 생물 다양성이 감소한다.

(2) 생물 다양성의 보전 방안

 ① 사회적 : 에너지 절약, 자원 재활용, 친환경 저탄소 제품의 사용

 ② 국가적 : 서식지 보전, 단편화된 서식지 연결(생태 통로), 멸종 위기 종의 보전, 국립
  공원 지정, 종자 은행을 통한 복원사업

 ③ 국제적 : 각종 협약을 체결해 생물 다양성을 보전한다.(생물 다양성 협약, 람사르 협
  약, 런던 협약 등)

Exercises

01 생물이 오랜 시간 동안 여러 세대를 거치면서 환경에 적응하여 변화하는 현상을 (   )라 하고, 같은 종의 개체 사이에서 나타나는 습성, 형태 등의 형질의 차이를 (   )라 한다.

02 개체 사이의 유전적 변이의 원인은 (   )와 생식세포의 다양한 조합인 유성생식에 의해 일어난다.

03 다윈의 (   )은 같은 종의 개체들 내에서 변이가 일어나고, 먹이, 서식 공간을 두고 서로 경쟁하여 환경에 유리한 형질을 가진 개체가 살아남아 자연 선택이 되어 새로운 종이 된다는 학설이다.

04 다윈의 자연 선택설에 의한 진화 과정을 순서 없이 나타낸 것이다. 진화 과정을 순서대로 옳게 나열하시오. (   )

   (가) 생존 경쟁   (나) 과잉 생산과 변이   (다) 진화   (라) 자연 선택

05 갈라파고스 군도에 사는 핀치새의 부리 모양이 각기 다른 것은 각 섬의 먹이 환경에 적합한 핀치새가 (   )되었기 때문이다.

06 (   )은 오파린이 제안한 가설로 원시 지구의 풍부한 에너지에 의해 원시 대기를 이루는 무기물에서 화학 반응이 일어나 유기물이 합성되었고, 이 유기물로부터 원시 생명체가 탄생하였다는 것이다.

07 (   )은 같은 생물종이라도 하나의 형질을 결정하는 유전자에 차이가 있어 다양한 형질을 나타낸다는 것으로, 같은 종이라도 크기, 색깔, 수명 등의 형질이 다르게 나타난다.

08 종 다양성은 생물종이 (   )수록 각 생물종의 분포 비율이 (   )할수록 높고 안정한 생태계를 이룬다.

09 다음은 생물 다양성의 감소 원인들이다. 옳은 것을 〈보기〉에서 고르시오.

   〈보기〉 (가) 불법 포획과 남획   (나) 서식지 단편화   (다) 외래종 도입
   (1) 산의 중앙으로 도로나 철길을 건설하였다. (   )
   (2) 외국에서 도입한 큰 입 배스를 하천에 방생하였다. (   )
   (3) 코끼리 상아를 얻기 위해 아프리카 코끼리를 대량 사냥하였다. (   )

10 산의 중앙으로 도로나 철길을 건설할 때는 (   )를 설치하여 야생 동물의 서식지가 분리되지 않도록 해야 한다.

정답 | 1. 진화, 변이 | 2. 돌연변이 | 3. 자연 선택설 | 4. 나-가-라-다
5. 자연 선택 | 6. 화학 진화설 | 7. 유전적 다양성 | 8. 많을, 균등
9. 나, 다, 가 | 10. 생태 통로

IV

환경과 에너지

UPGRADE · SCIENCE

01 생태계와 환경

01 | 생태계의 구성과 환경

1. 생태계의 구성

(1) 생태계 : 생물과 환경이 서로 영향을 주고받으며
유지되는 체계이다.

1) **개체** : 독립된 하나의 생명체

2) **개체군** : 한 지역에서 같이 생활하는 동일한 종
의 개체들로 이루어진 집단

3) **군집** : 일정한 지역에서 여러 개체군이 서로 관
계를 맺고 살아가는 집단

▲ 생태계

(2) 생태계 구성 요인

1) **생물적 요인** : 생산자, 소비자, 분해자 등 생태계의 모든 생물을 말한다.

① 생산자 : 태양의 빛에너지를 이용하여 유기물을 합성하는 생물

　　예 녹색식물, 해조류, 식물성 플랑크톤

② 소비자 : 다른 생물을 먹이로 섭취해 양분을 얻는 생물

　　예 초식 동물(1차 소비자), 육식 동물(2, 3차 소비자)

③ 분해자 : 생물의 사체나 배설물을 분해하여 에너지를 얻는 생물

　　예 세균, 버섯, 곰팡이

2) **비생물적 요인** : 생물을 둘러싼 환경 요인으로 빛, 토양, 물, 공기, 온도 등이 있다.

(3) 생태계 구성 요소 간의 관계

1) **작용** : 비생물 요소가 생물 요소에 영향을 주는 것

① 기온이 낮아지면 은행잎이 노래진다.

② 토양에 양분이 풍부해지면 식물이 잘 자란다.

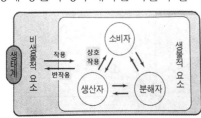

◀ 생태계 구성 요소 간의 관계

2) **반작용** : 생물 요소가 비생물 요소에 영향을 주는 것

   ① 지렁이가 토양의 통기성을 높인다.

   ② 낙엽이 쌓여 토양이 비옥해진다.

   ③ 식물이 광합성을 하면 공기 중에 산소량이 증가한다.

3) **상호 작용** : 생물과 생물 사이에 영향을 주고받는 것

   ① 스라소니 수가 증가하면 토끼 수가 감소한다.

   ② 개구리의 수가 증가하면 메뚜기 수가 감소한다.

2. 생물과 환경의 상호 작용

(1) 빛과 생물

1) 빛 세기와 생물 : 한 식물에서도 강한 빛을 받은 잎은 울타리 조직이 발달해 잎이 두껍고 좁은 반면, 약한 빛을 받은 잎은 빛을 효율적으로 흡수하기 위해 잎이 얇고 넓다.

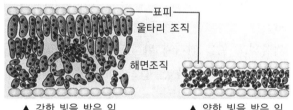

▲ 강한 빛을 받은 잎   ▲ 약한 빛을 받은 잎

2) 빛 파장과 생물 : 바다의 깊이에 따라 빛의 파장이 다르게 도달하기 때문이다.

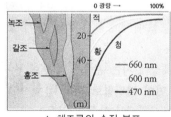

▲ 해조류의 수직 분포

   ① 얕은 곳에는 파장이 긴 적색광을 주로 이용하는 녹조류가 분포한다.

   ② 깊은 곳에는 파장이 짧은 청색광을 이용하는 홍조류가 많이 분포한다.

3) 일조 시간과 생물 : 일조 시간도 동물의 생식과 식물의 개화에 영향을 준다.

   ① 꾀꼬리와 종달새는 일조 시간이 길어지는 봄에 번식하고, 송어와 노루는 일조 시간이 짧아지는 가을에 번식한다.

   ② 붓꽃은 일조 시간이 길어지는 봄과 초여름에 꽃이 피고, 코스모스는 일조 시간이 짧아지는 가을에 꽃이 핀다.

(2) 온도와 생물

1) 동물의 적응

   ① 개구리 같은 변온 동물(양서류, 파충류)은 물질대사가 원활하지 않아 겨울잠을 잔다.

② 곰과 같은 일부 정온 동물은 먹이가 부족한 겨울에 에너지 소모를 줄이려고 겨울잠을 잔다.

③ 추운 지방에 사는 정온 동물은 깃털이나 털이 발달되어 있고, 피하 지방층이 두꺼워 몸의 열 방출을 막는다.

④ 포유류는 서식지에 따라 몸집의 크기와 귀와 같은 몸 말단부의 크기가 다르다.

⑤ 일부 동물은 계절에 따라 몸의 크기, 형태, 색이 달라지는 계절형이 존재한다.

북극여우(한대)

붉은여우(온대)

사막여우(열대)

2) 식물의 적응

① 기온이 낮은 툰드라에 사는 털송이풀은 잎이나 꽃에 털이 나 있어 체온이 낮아지는 것을 막는다.

② 낙엽수는 겨울의 추위를 견디기 위해 단풍을 만들고 잎을 떨어뜨리지만, 상록수는 잎의 큐티클층이 두꺼워 잎을 떨어뜨리지 않고 겨울을 난다.

(3) 물과 생물

1) 동물의 적응

① 곤충은 몸 표면이 키틴질로 되어있어 수분 손실을 막는다.

② 조류의 알은 단단한 껍질로 쌓여 수분 손실을 막는다.

③ 파충류는 몸 표면이 비늘로 덮여 있어 수분 손실을 막는다.

2) 식물의 적응

① 육상 식물은 뿌리, 줄기, 잎이 발달해 있지만, 수련, 생이가래와 같이 물속에서 사는 식물은 관다발이나 뿌리가 발달하지 않았다.

② 건조 지역의 식물은 저수 조직이 발달해 있고, 잎이 가시로 변해 수분 증발을 막는다.

(4) 토양과 생물

1) 지렁이, 두더지 등은 토양을 돌아다니며 통기성을 높여, 산소가 필요한 식물이나 미생물에 좋은 환경을 제공한다.

2) 토양 속 미생물은 동식물의 사체나 배설물을 분해하여 다른 생물에게 양분을 제공하거나 비생물 환경으로 돌려보낸다.

3) 식충 식물은 토양에 부족한 질소를 얻기 위해 곤충을 잡는다.

(5) 공기와 생물

1) 연꽃은 호흡을 돕기 위해 줄기에 공기가 흐르는 조직이 있다.

2) 산소 호흡 세균은 공기가 많은 토양에, 무산소 호흡 세균은 공기가 적게 포함된 토양에 서식한다.

02 | 생태계 평형

1. 생태계 평형의 유지

(1) 생태계 평형 : 생태계를 구성하는 생물의 종류와 개체 수, 물질의 양, 에너지의 흐름이 일정하게 유지되는 안정된 생태계를 말한다.

(2) 먹이 사슬에 의한 생태계 평형의 유지

1) 생태계 평형이 유지되려면 생태계 구성 요소인 생물 군집이 유지되어야 한다.

2) 생물 군집의 생존에는 에너지가 필요한데, 이는 생산자의 광합성에 의해 저장된 유기물이 먹이 관계에 의해 한 영양 단계에서 다음의 영양 단계로 전달되므로 가능하다.

→ 먹이 관계는 생태계 평형을 유지하는 데 있어서 매우 중요하다.

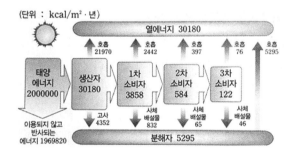

(3) 생태 피라미드

1) 먹이 관계에 의해 에너지가 전달될 때 한 영양 단계의 에너지 중 일부만이 다음 영양 단계로 이동하기 때문에 평형을 이룬 안정한 생태계에서 에너지양은 상위 영양 단계로 갈수록 감소하는 피라미드 형태가 된다.

2) 일반적으로 안정한 생태계는 에너지양 뿐만 아니라 개체수, 생물량도 상위 영양 단계로 갈수록 감소하는 피라미드 형태를 나타낸다.

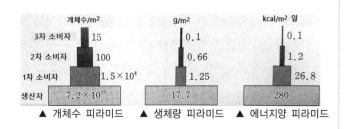

▲ 개체수 피라미드   ▲ 생체량 피라미드   ▲ 에너지양 피라미드

(4) 생물 다양성과 생태계 평형의 유지

→ 생물 다양성이 높을수록 먹이 관계가 복잡하게 형성되기 때문에, 어느 한 종이 사라지
더라도 대신할 생물이 있으므로 안정한 생태계를 형성하지만, 생물 다양성이 낮은 생태
계는 어느 한 종이 사라질 경우 생태계 평형이 깨지기 쉽다.

(5) 생태계 평형의 회복

→ 안정된 생태계는 환경이 변해 일시적으로 평형이 깨지더라도 시간이 지나면 먹이 사슬
에 의해 대부분 생태계 평형이 회복된다.

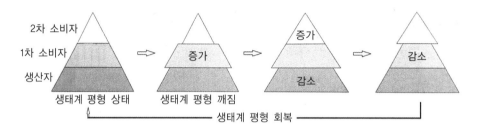

2. 환경 변화와 생태계

(1) 생태계 평형을 깨뜨리는 환경 변화 요인

1) **자연 재해** : 홍수, 산사태, 지진, 화산 폭발, 산불 등에 의해 서식지가 사라지면 먹이
그물에 변화가 생겨 생태계 평형이 깨지게 된다.

2) **인간의 활동** : 인구의 증가와 도시화 등으로 인한 무분별한 개발이나 환경 오염은 생
태계 평형을 깨뜨릴 수 있다.

① 무분별한 벌목 : 숲의 생태계를 파괴하고, 토양이 쉽게 침식되게 한다.

② 경작지 개발 : 식량 생산을 위해 숲이나 평원을 경작지로 개발할 경우, 서식지가
사라지고, 생태계가 단순해진다.

③ 도시화 : 도시와 도로 건설 등으로 생물 서식지가 파괴되고 분리된다. 무질서한 건
축으로 공기가 순환하지 못해 오염 물질이 쌓이고 기온이 높아지는 열섬 현상이 나
타난다.

④ 대기 오염 : 자동차 배기 가스는 호흡기 질환과 산성비의 원인이 되고, 화석 연료
의 과도한 사용으로 지구 온난화가 심화된다.

⑤ 수질 오염 : 생활 하수, 축산 폐수 등이 적조, 녹조를 일으켜 해양 생태계를 파괴하
고, 공장 폐수의 중금속은 생물 농축을 일으킨다.

(2) 생태계 보전을 위한 노력

    1) 멸종 위기에 처한 생물을 천연 기념물로 지정한다.

    2) 도로나 댐 건설 등으로 나누어진 서식지를 생태 통로로 연결한다.

    3) 생물의 서식 환경이 훼손된 하천을 생태 하천 복원 사업으로 회복시킨다.

    4) 생물 다양성이 풍부하여 보전 가치가 있는 곳을 국립공원으로 지정하여 보호한다.

    5) 도시의 열섬 현상을 완화하기 위해 옥상 정원을 설치하고, 도시 중심부에 숲을 조성한다.

    6) 무분별한 개발을 제도적으로 규제하기 위한 환경 관련 법률을 제정한다.

Exercises

01 일정한 공간 내에서 생물과 환경이 서로 영향을 주고받으며 유지되는 체계를 (　　　)라 하며, 한 지역에서 생활하는 동일한 종의 개체들로 이루어진 집단을 (　　　)이라 한다.

02 생태계에서 생산자, 분해자, 소비자 등 생태계의 모든 생물을 (　　　　　)이라 하고, 빛, 토양, 물, 공기 등 생물을 둘러싼 환경 요인을 (　　　　　)이라 한다.

03 다음 중 생태계 구성 요소 간의 관계가 <u>다른</u> 하나는?
① 지렁이가 토양의 통기성을 높인다.
② 낙엽이 쌓여 토양이 비옥해진다.
③ 식물이 광합성을 하면 공기 중의 산소량이 증가한다.
④ 기온이 낮아지면 은행잎이 노래진다.

04 빛 세기가 강한 곳에 위치한 잎은 울타리 조직이 발달해 잎이 (　　) 좁은 반면, 약한 빛을 받은 잎은 빛을 효율적으로 흡수하기 위해 잎이 (　　) 넓다.

05 사막 여우는 북극 여우에 비해 몸집이 작고 몸의 말단부가 크다. 이것은 (　　)에 적응하기 위한 결과이다.

06 선인장의 잎이 가시로 변한 것과 조류와 파충류의 알껍질이 단단한 껍질이나, 비늘로 덮여 있는 것은 (　　　) 손실을 막기 위함이다.

07 생태계에서 각 영양 단계의 개체수, 생물량, 에너지양을 하위 영양 단계부터 상위 영양 단계까지 차례로 쌓아올린 것을 (　　　　　)라고 한다.

08 일반적으로 평형을 이룬 안정한 생태계는 개체수, 생물량, 에너지양이 상위 영양 단계로 갈수록 점점 (　　) 하는 (　　　) 형태를 나타낸다.

09 생물 다양성이 높을수록 먹이 관계가 (　　) 하게 형성되기 때문에, 어느 한 종이 사라지더라도 대신할 생물이 있으므로 안정한 생태계를 형성하지만, 생물 다양성이 낮은 생태계는 어느 한 종이 사라질 경우 (　　　)이 깨지기 쉽다.

10 자동차 배기가스는 호흡기 질환과 산성비의 원인이 되고, 화석 연료의 과도한 사용으로 증가한 이산화탄소는 (　　　　　)의 원인이 된다.

정답
1. 생태계, 개체군　2. 생물적 요인, 비생물적 요인　3. ④　　　　4. 두껍고, 얇고
5. 온도　　　　　6. 물(수분)　　　　　　7. 생태 피라미드
8. 감소, 피라미드　9. 복잡, 생태계 평형　　10. 지구 온난화

02 지구 환경 변화

01 | 기후 변화와 온난화

1. 기후 변화

(1) 일기(기상)와 기후

1) **일기(날씨)** : 어느 지역에 매일 나타나는 기온, 강수량, 바람과 같은 대기의 상태

2) **기후** : 어떤 지역에 장시간에 걸쳐 나타나는 평균적인 대기의 상태

(2) 과거의 기후 조사 방법

1) **빙하 코어 연구** : 빙하 속에 갇힌 공기와 산소 동위 원소비($^{18}O/^{16}O$)로부터 과거의 대기 성분과 기후를 알 수 있다.

2) **나무의 나이테 연구** : 기온이 높고 강수량이 많으면 나무의 생장 속도가 빨라 나이테 간격이 넓고, 그 반대이면 나이테 간격이 좁다.

3) **화석 연구** : 과거 생물의 화석을 통해 번성했던 종을 연구하여 기후를 알 수 있다.

4) **지층의 퇴적물 연구** : 퇴적물 속의 꽃가루 및 미생물을 통해 과거의 기후를 알 수 있다.

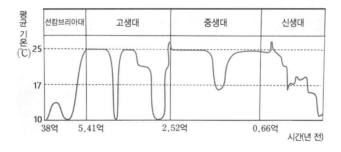

(3) 기후 변화의 원인

1) **외적 요인** : 태양 활동의 변화, 자전축 기울기의 변화, 자전축 경사 방향의 변화, 지구 공전 궤도 모양의 변화 등

2) **내적 요인** : 화산 분출에 의한 대기 투과율 변화, 수륙 분포에 따른 해류의 변화, 빙하의 면적, 산림 파괴, 댐 건설 등에 따른 지표면의 반사율 변화, 인간 활동에 의한 대기 중 이산화탄소 농도의 변화(온난화) 등

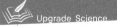

2. 온실 효과와 지구 온난화

(1) 온실 효과 : 지구 대기는 주로 가시광선 영역인 태양 복사는 잘 통과시키지만, 지구가 방출하는 적외선 영역인 지구 복사는 일부를 흡수하였다가 다시 지표로 재복사한다. 그 결과 지표면의 온도가 상승하는데 이를 온실 효과라 한다.

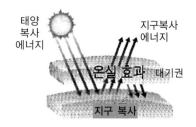

1) **온실 기체** : 이산화탄소, 메테인, 수증기, 오존 등
2) **온실 효과에 가장 큰 영향을 주는 기체** : 이산화탄소(CO_2)

(2) 지구 온난화 : 대기 중 온실 기체의 양 증가로 온실 효과가 더 크게 일어나 지구의 평균 기온이 높아지는 현상이다.

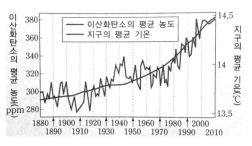

1) **지구 온난화의 가장 큰 원인** : 화석 연료 사용 증가에 따른 이산화탄소의 증가
2) **지구 온난화의 영향** : 빙하의 융해, 해수면 상승, 저지대 침수, 육지 면적 감소, 강수량과 식생 분포 변화, 사막 증가, 이상 기후 현상, 생태계 변화, 생물 다양성 감소, 질병의 증가
3) **지구 온난화 방지 대책** : 화석 연료 사용 억제, 신·재생에너지 개발, CO_2 처리 방법 연구, 에너지 절약, 저탄소 녹색성장 정책, 산림 보호 및 산림 면적 확대, 국가 간 협력, 유엔기후변화협약(UNFCCC)
4) **한반도의 지구 온난화** : 동식물의 서식지 변화, 봄꽃 개화 시기 변화, 계절 길이 변화 등

3. 대기와 해수의 순환

(1) 지구의 복사 평형

1) 지구가 흡수하는 태양 복사 에너지양(70)과 방출하는 지구 복사 에너지양(70)은 같다.
2) 따라서 지구 복사 평형으로 지구의 평균 기온은 일정하게 유지된다.

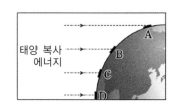

(2) 위도별 에너지 불균형

위도	태양 복사 에너지와 지구 복사 에너지 비교	에너지 상태
저위도	태양 복사 에너지양 〉 지구 복사 에너지양	과잉
고위도	태양 복사 에너지양 〈 지구 복사 에너지양	부족

※ 대기와 해수의 순환 : 저위도의 남는 에너지를 고위도로 운반하는 역할을 한다.

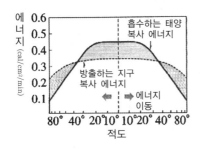 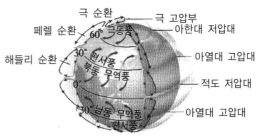

(3) 대기 대순환 : 고위도와 저위도의 에너지 불균형에 의해 발생한다.

1) **해들리 순환** : 적도에서 더운 공기가 상승하고, 위도 30°에서 하강하여 다시 적도로 돌아온다. (무역풍 형성)

2) **페렐 순환** : 위도 30°에서 하강한 공기가 고위도로 이동한 다음 위도 60° 부근에서 극으로 부터 이동해 온 찬공기와 만나 다시 상승한다. (편서풍 형성)

3) **극 순환** : 극에서 찬 공기가 하강하여 저위도로 이동한 다음 위도 60°에서 상승한다. (극동풍 형성)

(4) 표층 해수의 순환

1) 해수면에 지속적으로 부는 바람 때문이다.

2) 해류의 종류

　　① 무역풍대 해류 : 북적도 해류, 남적도 해류

　　② 편서풍대 해류 : 북태평양 해류, 남극 순환류

3) **순환의 방향** : 북반구는 시계 방향, 남반구는 반시계 방향으로 적도를 기준으로 대칭으로 순환한다.

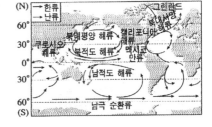

4) 난류와 한류

구분	이동 방향	종류	수온	염분	산소
난류	저위도 → 고위도	쿠로시오 해류	높다	높다	적다
한류	고위도 → 저위도	캘리포니아 해류	낮다	낮다	많다

4. 엘니뇨와 라니냐

구분	평상시	엘니뇨 발생시	라니냐 발생시
상태	무역풍 정상 적도 서태평양 동태평양 인도네시아 연안 페루 연안 용승 찬 해수	무역풍 약화 서태평양 동태평양 적도 용승 약화 찬 해수	무역풍 강화 서태평양 동태평양 적도 용승 강화 찬 해수
무역풍	정상	약함	강함
서태평양	표층 수온 높아 상승기류 발달, 강수량 증가	표층 수온 낮아 상승기류 약화, 가뭄 발생	표층 수온 매우 상승, 홍수, 폭우 발생
동태평양	찬 해수의 용승, 표층 수온 감소, 좋은 어장 형성	찬 해수의 용승 감소, 표층 수온 상승, 어획량 감소, 홍수 발생	찬 해수의 용승 강화, 표층 수온 강하, 냉해 피해, 가뭄 발생

5. 사막화

– 기후 변동이나 인간 활동으로 사막(30° 위도)이 넓어지거나 새로운 사막이 증가하는 현상

(1) 원인

1) **자연적 원인** : 지구 온난화에 따른 대기 대
   순환의 변화로 강수량이 감소할 때
2) **인위적인 원인** : 과잉 경작, 과잉 방목, 무
   분별한 산림 벌채, 화전, 지구 온난화 등

(2) 피해와 대책

1) **피해** : 황사 발생 증가, 작물 수확량 감소, 식량 부족, 생태계 파괴 등
2) **대책** : 산림 면적 증대, 산림 벌채 최소화, 과잉 방목 줄이기, 토양 비옥화 추진 등

Exercises

01 어느 지역에 매일 나타나는 기온, 강수량, 바람과 같은 대기의 상태를 일기라고 한다면, 어떤 지역에 장시간에 걸쳐 나타나는 평균적인 대기의 상태는 (   )라 한다.

02 남극이나 북극 (   ) 속에 갇힌 산소 동위 원소비($^{18}O/^{16}O$)로부터 과거 80만 년 동안의 대기 성분과 기후를 알 수 있다.

03 태양 활동의 변화, 자전축 기울기의 변화, 자전축 경사 방향의 변화, 지구 공전 궤도 모양의 변화 등은 기후 변화의 (   )이고, 화산 분출에 의한 대기의 투과율 변화, 수륙 분포에 따른 해류의 변화, 지표면의 반사율 변화, 인간 활동에 의한 대기 중 이산화탄소 농도의 변화 등은 기후 변화의 (   )이다.

04 산업 혁명 이후 화석 연료의 사용량 증가로 대기 중의 (   ) 기체의 양이 증가하여 온실 효과가 더 크게 일어나 지구의 평균 기온이 높아지는 현상을 (   )라 한다.

05 지구 온난화로 인해 나타나는 현상이 <u>아닌</u> 것은?
① 빙하의 융해   ② 기상 이변   ③ 해수면 하강   ④ 육지 면적 감소

06 저위도는 태양 복사 에너지양이 지구 복사 에너지양 보다 많아 에너지 (   )이고, 극지방은 반대로 에너지 (   )이나, (   )와 (   )의 순환으로 과잉 에너지가 고위도로 운반되어 지구 전체로는 복사 평형을 이루게 된다.

07 북반구 해양의 경우 위도 0°~30° 지역에는 (   )에 의해 북적도 해류가 동에서 서로, 30°~60° 지역에는 (   )에 의해 북태평양 해류가 서에서 동으로 흐른다.

08 저위도 지역에서 고위도 지역으로 흐르는 (   )는 따뜻한 바닷물의 흐름으로 염분이 높고, 산소가 적으며 저위도의 에너지를 고위도로 운반하는 역할을 한다.

09 무역풍이 약해질 경우 서태평양에는 가뭄이, 동태평양 지역에는 용승의 약화로 평상시보다 수온이 0.5℃ 정도 높은 상태가 지속되는 현상을 (   )라 하고, 반대로 무역풍이 너무 강할 때에는 서태평양에는 폭우가, 동태평양에는 용승의 강화로 표층 수온 강하, 냉해 피해가 발생하는 것은 (   )라 한다.

10 자연적인 기후 변동이나 인간 활동에 의해 사막이 늘어나거나 새로운 사막이 생기는 현상을 (   )라 한다.

정답   1. 기후   2. 빙하   3. 외적 요인, 내적 요인
4. 이산화탄소, 지구 온난화   5. ③   6. 과잉, 부족, 대기, 해수   7. 무역풍, 편서풍
8. 난류   9. 엘니뇨, 라니냐   10. 사막화

03 에너지의 효율적 이용

01 | 에너지 전환과 보존

1. 여러 가지 형태의 에너지

(1) 에너지의 정의 : 일을 할 수 있는 능력

(2) 에너지의 종류

1) **퍼텐셜 에너지** : 높은 곳에 있는 물체가 가지는 에너지

2) **운동 에너지** : 운동하는 물체가 가지는 에너지

3) **역학적 에너지** = 퍼텐셜 에너지 + 운동 에너지=일정(마찰, 공기 저항 없을 때)

4) 화학 에너지, 전기 에너지, 핵에너지, 열에너지, 빛에너지, 파동 에너지 등

(3) 에너지의 전환

전 등	전기 E → 빛 E	전열기	전기 E → 열 E
전동기	전기 E → 역학적(운동) E	TV	전기 E → 빛 E, 소리 E
라디오	전기 E → 소리 E	발전기	역학적(운동) E → 전기 E
건전지	화학 E → 전기 E	태양전지	빛 E → 전기 E
광합성	빛 E → 화학 E	반딧불이	화학 E → 빛 E
자동차	화학 E → 역학적(운동) E	연소	화학 E → 열 E

(4) 휴대 전화의 에너지 전환

배터리 충전	전기 E → 화학 E	배터리 사용	화학 E → 전기 E
화면(손전등)	전기 E → 빛 E	스피커	전기 E → 소리 E
진동	전기 E → 역학적(운동) E	발열	전기 E → 열 E

2. 에너지 보존의 법칙과 에너지 절약

(1) 에너지 보존의 법칙 : 한 에너지가 다른 형태의 에너지로 전환되더라도 에너지는 새로 생기거나 없어지지 않으며, 그 총량은 항상 일정하게 유지된다는 법칙이다.

(2) 에너지 절약의 이유(에너지의 방향성)

- 에너지의 총량은 일정하게 유지되지만 에너지를 사용할수록 다시 사용하기 어려운 열에너지의 형태로 전환되므로, 사용 가능한 유용한 에너지의 양은 점점 줄어든다. 결국 에너지는 최종적으로 열에너지 형태로 전환되므로 에너지를 절약하고, 효율적으로 사용해야 한다.

02 | 에너지의 효율적 이용

1. 열기관과 에너지 효율

(1) 열기관 : 열에너지를 일(운동 에너지)로 전환하는 장치이다.

    1) 내연 기관 : 기관의 내부에서 연료를 연소시켜 동력을 얻는 장치이다.

        예 자동차 엔진, 로켓 기관, 제트 엔진

    2) 외연 기관 : 기관의 외부에서 연료를 연소시켜 동력을 얻는 장치이다.

        예 증기 기관, 증기 터빈

(2) 에너지 효율

$$\text{에너지 효율}(\%) = \frac{\text{유용하게 사용된 에너지의 양}}{\text{공급한 에너지의 양}} \times 100$$

    1) 에너지 효율 $= \dfrac{W}{Q_1} \times 100 = \dfrac{Q_1 - Q_2}{Q_1} \times 100$

    2) W 가 클수록, Q_2 가 적을수록 효율이 좋은 열기관이다.

    3) $Q_2 = 0$ 인 열기관을 영구기관이라 하는데, 만들 수 없다.

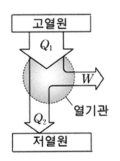

Q_1 : 공급 에너지
W : 열기관이 한 일
Q_2 : 손실 에너지

    ※ 제1종 영구기관 : 외부로부터 에너지 공급 없이도 계속 일을 할 수 있는 기관

    ※ 제2종 영구기관 : 열효율이 100%인 영구기관

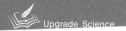

(3) 에너지 효율을 높이기 위한 방법

1) 조명기구 : 백열전구나 형광등을 LED전구로 교체한다.

2) 주택 : 단열재나 이중창을 설치한다.

3) 하이브리드 자동차 : 엔진, 배터리, 전기모터를 함께 사용하므로 운행 중 버려지는 에너지를 전기 에너지로 전환하여 다시 사용하므로 에너지 효율이 높다.

4) 에너지 제로 하우스 : 외부에서 에너지 공급을 받지 않고도 생활할 수 있는 에너지 자립 건물

  ① 패시브 기술 : 첨단 단열 공법으로 에너지 낭비를 최소화하는 기술

  ② 액티브 기술 : 필요한 에너지를 태양열, 태양광, 풍력, 지열 등으로 해결하여 사용

5) 에너지 소비 효율이 높은 1등급의 제품을 사용한다.

Exercises

01 어떤 높은 곳에 있는 물체가 가지는 에너지를 (   ) 에너지라 하고, 운동하는 물체가 가지는 에너지를 (   ) 에너지라 하며, 이 둘을 합한 에너지를 (   ) 에너지라 한다.

02 다음 중 에너지 전환 과정이 옳지 <u>않은</u> 것을 고르면?
① 전등 : 전기 E → 빛 E   ② 전동기 : 전기 E → 역학적(운동) E
③ 광합성 : 화학 E → 빛 E   ④ 태양전지 : 빛 E → 전기 E

03 휴대 전화에서의 에너지 전환으로 옳은 것은?
① 배터리 충전 : 화학 E → 전기 E   ② 화면(손전등) : 전기 E → 빛 E
③ 스피커 : 소리 E → 전기 E   ④ 진동 : 역학적(운동) E → 전기 E

04 (   ) 법칙에 의하면 한 에너지가 다른 형태의 에너지로 전환되더라도 에너지는 새로 생기거나 없어지지 않으며, 그 총량은 항상 일정하게 보존된다고 한다.

05 에너지가 전환되는 과정에서 유용한 에너지의 양이 점점 줄어드는데, 이는 최종적으로 (   )의 형태로 전환되어 공기 중으로 흩어지므로 에너지를 절약하고, 효율적으로 사용해야 한다.

06 에너지 흐름에는 방향성이 있어서 열은 (   )에서 (   )으로는 자발적으로 이동하지만, 이와 반대로는 이동하지 않는다.

07 어떤 열기관이 고열원으로부터 200J의 열 에너지를 공급받아 일을 하고 저열원으로 140J의 에너지를 방출했다고 한다.
(1) 이 열기관이 외부에 한 일의 양은? (   )
(2) 이 열기관의 열효율은? (   )

08 같은 밝기의 빛을 내기 위해 두 조명 기구 A와 B가 1초 동안에 소비한 에너지가 각각 10J과 40J이라면, 두 조명 기구의 에너지 효율의 비는?(   )

09 저열원으로의 손실 에너지가 0이라면, 열효율이 100%가 되는데, 이러한 열기관이 있다면, 이를 (   )이라고 한다. 그러나 실제로는 만들 수 없다.

10 외부에서 에너지 공급을 받지 않고도 생활할 수 있는 에너지 자립 건물을 (   )라 한다.

정답   1. 퍼텐셜, 운동, 역학적   2. ③   3. ②   4. 에너지 보존
      5. 열에너지   6. 고온, 저온   7. 60J, 30%   8. 4 : 1
      9. 영구기관   10. 에너지 제로 하우스

04 전기 에너지의 생산과 수송

01 | 전기 에너지의 생산

1. 전자기 유도와 발전

(1) 전자기 유도(패러데이)

> 1) **전자기 유도** : 코일과 자석 사이의 상대적인 운동으로 코일을 통과하는 자기장이 변할 때, 코일에 전류가 유도되는 현상이다.
>
> 2) **유도 전류의 세기** : 센 자석을 사용할수록, 코일을 많이 감을수록, 자석을 빠르게 움직일수록 전류의 세기가 커진다.
>
> 3) **유도 전류가 발생하지 않는 경우** : 자석이나 코일이 정지해 있는 경우

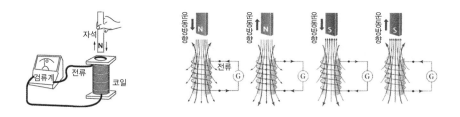

> 4) **유도 전류의 방향(렌츠의 법칙)** : 코일을 통과하는 자기장의 변화를 막는 방향으로 유도 전류가 흐르며, 교류 전류의 원리이다.
>
> 5) **전자기 유도의 이용** : 발전기, 변압기, 금속 탐지기, 도난 방지기, 발광 킥보드 바퀴

(2) 발전기

> 1) **구조** : 자석 사이에 코일이 회전하도록(또는 반대로) 고안되어 있다.
>
> 2) **원리** : 자석 사이에서 코일을 회전시키면 코일을 통과하는 자기장이 변하여, 전자기 유도에 의해 코일에 전류가 유도된다. (코일의 역학적 E → 전기 E)

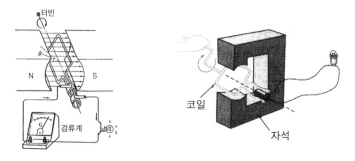

2. 여러 가지 발전 방식

– 발전기에 연결된 터빈을 돌려서 전자기 유도의 원리로 전기를 생산한다.

발전 형태	에너지원	원리	에너지 전환
수력 발전	물의 퍼텐셜 E	높은 댐의 물을 낙하시켜 터빈을 회전시킨다.	퍼텐셜 E → 역학적 E → 전기 E
화력 발전	석탄, 석유의 화학 E	화석 연료 연소에 의한 열로 물을 끓여 증기의 힘으로 터빈을 회전시킨다.	화학 E → 열 E → 역학적 E → 전기 E
핵 발전	우라늄의 핵 E	핵분열을 통해 발생하는 열로 물을 끓여 증기의 힘으로 터빈을 회전시킨다.	핵 E → 열 E → 역학적 E → 전기 E
열병합 발전	화력 발전과 같다.	화력 발전의 일종으로 발전 과정에서 발생한 열을 지역 난방에 사용하는 발전 방식	

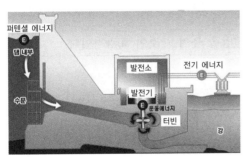

▲ 수력 발전

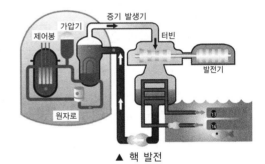

▲ 핵 발전

02 | 전기 에너지 수송

1. 전력 수송 과정

(1) 송전

    1) **송전 과정** : 발전소 → 초고압 변전소 → 1차 변전소 → 2차 변전소 → 주상 변압기 → 가정

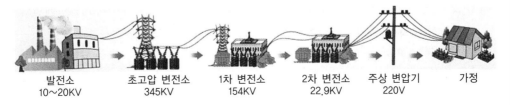

발전소	초고압 변전소	1차 변전소	2차 변전소	주상 변압기	가정
10~20KV	345KV	154KV	22.9KV	220V	

2) 전기를 송전할 때 송전선에 흐르는 전류와 송전선의 저항 때문에 열이 발생하여 전력의 일부가 손실된다.

(2) 전력 손실

1) 송전선에서 1초 동안에 손실되는 전력(열에너지)

$$P = VI = I^2 R \,(I : \text{송전선 전류}, \; R : \text{송전선 저항})$$

2) 송전선에서 전력 손실을 줄이는 방법

송전선에 흐르는 전류(I)를 작게 한다.	송전선의 저항(R)을 작게 한다.

동일전력 공급시
   전압 → n배↑
   전류 → $\dfrac{1}{n}$배↓
송전선에서 전력 손실 → $\dfrac{1}{n^2}$배↓
	전기 저항이 작은 금속이나, 송전선을 굵게 해야 하지만, 제작비가 증가하고 송전탑 간격을 좁게 건설해야 하는 어려움이 있다.

따라서 전력 손실을 줄이려면, 송전 전압을 높이는 것이 효과적이다.	

2. 변압기(변전소)

(1) 변압기 : 전자기 유도 현상을 이용하여 송전 전압을 변화시키는 장치이다.

– 1차 코일에 흐르는 전류의 세기와 방향이 주기적으로 변하면, 철심을 따라 주기적으로 변하는 자기장에 의해 2차 코일에 전자기 유도에 의해 전압이 발생하고 전류가 흐른다.

1) 변압기에서 에너지 손실이 없다면, 입력 전력과 출력 전력은 에너지 보존 법칙에 의해 같다.

$$P = V_1 \cdot I_1 = V_2 \cdot I_2$$

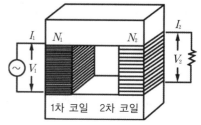

$$\frac{V_1}{V_2} = \frac{I_2}{I_1}$$

2) 변압기의 전압은 코일의 감은 수에 비례하고, 전류는 감은 수에 반비례한다.

예 1차 코일의 감은 수, 전압 : N_1, V_1

2차 코일의 감은 수, 전압 : N_2, V_2

$$\frac{N_1}{N_2} = \frac{V_1}{V_2} = \frac{I_2}{I_1}$$

(2) 효율적이고 안전한 전력 수송

1) **고전압 송전** : 손실 전력을 줄일 수 있다.

2) **거미줄 송전망** : 거미줄 같은 송전 전력망 구축으로 선로에 이상이 발생할 경우 그 부분을 차단하고 우회하여 송전할 수 있다.

3) **근거리 송전** : 전력 수송 거리를 줄여 송전선의 저항으로 인한 손실 전력을 줄인다.

4) **지능형 전력망(스마트그리드)** : 수요량과 공급량의 정보를 실시간으로 파악하여 필요량을 송전한다.

(3) 안전한 전력 수송

1) **고압 차단 스위치** : 전압이 지나치게 높아질 경우 퓨즈가 끊어져 전류가 차단된다.

2) **전선 지중화** : 고압 송전선을 지하에 매설하여 사고나 위험으로부터 보호한다.

3) **안전장치 설치** : 고압 송전선 주변에 구조물, 안전장치를 설치하여 사람의 접근을 막는다.

4) **로봇의 이용** : 선로를 점검하고 수리할 때 로봇을 이용한다.

5) **애자 사용** : 송전탑과 송전선은 절연체인 애자로 연결한다.

6) **초고압 직류 송전** : 전력용 반도체를 사용하여 교류를 직류로 바꿔 송전하는 방식으로, 교류 송전보다 전력 손실이나 전자파 위험이 적고 비용이 적어, 장거리 해저 케이블에 활용할 수 있다.

Exercises

01 코일과 자석의 상대적인 운동으로 코일을 통과하는 자기장이 변하여 코일에 전류가 흐르는 현상을 (   )라 한다.

02 전자기 유도에서 코일에 유도되는 전류의 세기는 자석의 세기가 (   ), 자석을 (   ) 움직일수록, 코일의 감은 수가 (   ) 증가한다.

03 전자기 유도에서 코일에 유도 전류가 발생하지 않는 경우는 자석이나 코일이 (   )해 있는 경우이다.

04 다음 중 전자기 유도의 원리를 이용한 경우가 <u>아닌</u> 것은?
① 발전기   ② 변압기   ③ 도난 방지기   ④ 전동기

05 다음 중 옳은 설명에는 (O), 틀린 설명에는 (X)를 하시오.
(1) 수력 발전은 화석 연료가 연소할 때 발생하는 열로 물을 끓이고 증기의 힘으로 터빈을 회전시켜 전류를 얻는다. (   )
(2) 핵 발전은 우라늄의 핵분열을 통해 발생하는 열로 물을 끓여 증기의 힘으로 터빈을 회전시켜 전류를 얻는다. (   )
(3) 열병합 발전은 화력 발전의 일종으로 발전 과정에서 발생한 열을 지역 난방에 사용하는 발전 방식이다. (   )

06 송전 과정에서 송전선에 흐르는 (   )와 송전선의 (   ) 때문에 전기 에너지의 일부가 열에너지로 전환되어 전력의 일부가 손실된다.

07 송전선에서 전력 손실을 줄이기 위해서는 전기 저항이 작은 금속이나, 송전선을 굵게 해야 하지만 제작비 증가의 문제 때문에 송전 전압을 (   )하는 것이 효율적이다.

08 송전 과정에서 같은 양의 전력을 송전할 때 전압을 2배로 높이면 손실되는 전력은 (   )배가 된다.

09 전자기 유도 현상을 이용하여 송전 전압을 높이거나 낮추는 장치를 (   )라 한다.

10 변압기의 1차 코일과 2차 코일의 감은 수의 비를 2 : 1로 하면, 형성되는 전압의 비는 (   )이 되고, 전류의 비는 (   )가 된다.

정답 1. 전자기 유도   2. 강할수록, 빠르게, 많을수록   3. 정지   4. ④
5. X, O, O   6. 전류, 저항   7. 높게   8. 1/4
9. 변압기   10. 2 : 1, 1 : 2

05 발전과 신재생 에너지

01 | 태양 에너지의 생성

1. 수소 핵융합 반응

(1) 고온, 고압 상태에서 일어난다.

(2) 과정 : 태양 중심부에서 수소 원자핵 4개가 융합하여 1개의 헬륨 원자핵을 만드는 수소 핵융합 반응으로 에너지를 생성한다.

(3) 질량 에너지 등가 원리 : 물질의 질량은 에너지로, 에너지는 질량으로 변환될 수 있으므로 에너지와 질량은 동등하다. 따라서 수소 핵융합 과정에서 반응으로 감소한 질량 (질량 결손)이 에너지로 전환된다.

$$4H \quad \rightarrow \quad He \quad + \quad E \text{ (에너지)} \qquad E = \triangle mc^2$$

(질량 4.032)　(질량 4.003)　(질량 결손 $\triangle m$: 0.029)

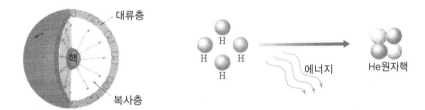

2. 태양 에너지의 순환

(1) 지구 에너지 순환의 근원 : 태양 복사 에너지

(2) 지표면이 받는 태양 에너지량 : 저위도에서 고위도로 갈수록 감소하여 저위도는 에너지 과잉, 고위도는 에너지 부족이다.

(3) 위도별 에너지 불균형 해소 : 저위도의 남는 에너지는 대기와 해수에 의해 고위도로 이동해 부족한 에너지를 보충해 에너지 순환에 기여한다.

3. 태양 에너지의 전환

태양 에너지	생명체 에너지원	식물의 광합성을 통해 생명체의 생명 활동을 유지
	화석 연료	생물체가 땅속에 묻히면 화석 연료로 전환
	기상 현상	지표에서는 자연 현상(비, 구름, 바람 등)을 일으키는 원인
	일상생활	태양 전지를 이용한 전기의 생산

02 | 발전과 지구 환경

1. 화석 연료와 에너지 문제

(1) 화석 연료 : 과거에 살던 생물체가 매몰된 후 오랫동안 열과 압력을 받아 만들어진 에너지
예 석탄, 석유, 천연가스 등

(2) 화석 연료 사용의 문제점

1) 매장량이 한정되어 언젠가는 고갈될 에너지이다.

2) 이산화탄소를 생성하여 지구 온난화와 대기 오염을 일으킨다.

3) 매장 지역이 편중되어 있어 가격과 공급 간에 국가 간 갈등을 초래한다.

(3) 해결 방안

- 고갈될 염려가 없고, 지구 온난화, 환경 오염이 없는 새로운 에너지를 개발해야 한다.

2. 핵발전과 신재생 에너지

(1) 핵발전

1) 에너지 생성 과정

① 무거운 우라늄 원자핵이 핵분열 할 때 발생하는 에너지로 원자력 발전에 이용된다.

② 원자로에서 우라늄 235의 원자핵에 느린 중성자를 충돌시키면, 핵분열이 일어나면서 2~3개의 중성자와 함께 에너지가 방출된다.

③ 이때 방출된 중성자들이 옆에 있는 다른 원자핵에 충돌하는 연쇄 반응을 일으켜 많은 양의 에너지를 방출한다.

· 감속제 : 핵분열 할 때 방출되는 중성자의 속도를 느리게 하는 역할(흑연, 물)

· 제어봉 : 연쇄 반응이 서서히 일어나도록 중성자를 흡수하여 그 수를 조절(카드뮴, 붕소)

④ 핵분열을 통해 발생한 열로 물을 끓여 증기의 힘으로 터빈을 회전시켜 전기를 생산한다.

⑤ 우라늄 1g은 석탄 3톤, 석유 약 2000L의 에너지에 해당한다.

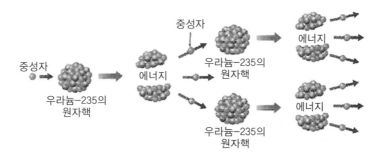

2) 핵발전의 장·단점

① 장점 : 이산화탄소를 배출하지 않으므로 화력 발전을 대체할 수 있다.
연료비가 저렴하고, 에너지 효율이 높아 대용량 발전이 가능하다.

② 단점 : 자원의 매장에 한계가 있다.
방사능 유출 사고 위험, 방사성 폐기물의 처리 문제가 있다.

(2) 신재생 에너지

1) 신재생 에너지 : 신 에너지와 재생 에너지의 합성어로 기존의 화석 연료를 변환하여 이용하거나, 태양, 해양, 바람 등의 재생 가능한 에너지를 이용하는 것이다. 화석 연료와 핵발전 에너지의 문제점인 자원 고갈과 환경 오염 등을 해결하기 위한 대체 에너지이다.

① 신 에너지 : 기존에 사용하지 않았던 새로운 에너지

예 연료전지, 수소 에너지

② 재생 에너지 : 계속해서 다시 사용할 수 있는 에너지

예 태양열, 태양광, 풍력, 수력, 해양, 지열, 바이오 등

3. 신재생 에너지를 이용한 발전

(1) 태양광 발전

1) 에너지 생성 과정

① 태양의 빛 에너지를 직접 전기 에너지로 바꾸며, n형 반도체와 P형 반도체를 붙여서 만든다.

② 태양 전지에 빛이 흡수되면 태양 전지 안에 자유전자가 생성되고 전압이 형성되어 전류가 흐른다.

③ 태양 전지 여러 개를 연결하여 사용한다.

2) 장 · 단점

　① 장점 : 자원 고갈의 염려가 없고, 유지 보수가 간편하다.

　② 단점 : 계절과 일조량의 영향으로 발전 시간이 제한적이다.

　　　　　 설치 공간이 넓어야 하고, 초기 설치비용이 많이 든다.

　　　　　 태양 전지에서 반사되는 빛이 인가나 축사에 영향을 준다.

▲ 풍력 발전

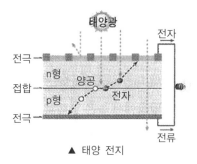

▲ 태양 전지

(2) 태양열 발전

→ 태양의 열에너지를 집열판으로 흡수하여 물을 끓여 증기 힘으로 발전을 한다.

(3) 풍력 발전

　1) 에너지 생성 과정

　　① 바람의 운동 에너지를 이용하여 발전기와 연결된 날개를 돌려 전기를 생산한다.

　　② 날개의 회전수가 저속이더라도 내부의 기어에 의해 발전기는 고속으로 회전한다.

　　③ 날개가 길수록 전력 생산량이 증가하고, 전자기 유도의 원리가 적용된다.

　2) 장 · 단점

　　① 장점 : 환경 문제나 자원의 고갈이 없고, 설치가 비교적 간단하다.

　　② 단점 : 바람의 방향과 세기가 일정하지 않아 발전량을 정확히 예측하기 어렵다.

　　　　　 산림 및 자연 경관이 훼손되기도 하고, 소음이 발생하는 문제가 있다.

(4) 조력 발전

　1) 에너지 생성 과정

　　① 밀물과 썰물 때 해수면의 높이 차를 이용하여 전기를 생산한다.

　　② 조석 간만의 차가 큰 서해가 최적지이다. (시화호 조력 발전소)

2) 장·단점

　　① 장점 : 날씨나 계절에 관계없이 발전할 수 있고, 조차의 크기로 발전량 예측이 가
　　　능하다.

　　② 단점 : 건설비가 많이 들고 장소가 제한적이며, 해양 생태계에 혼란을 줄 수 있다.

(5) 파력 발전

1) 에너지 생성 과정

　　① 파도의 운동 에너지를 이용하여 전기를 생산하는 방식이다.

　　② 파도의 힘으로 직접 터빈을 돌리는 방식과, 파도에 의한 해수면의 높이 차로 공기
　　　를 압축하여 터빈을 돌리는 방식이 있다.

2) 장·단점

　　① 장점 : 소규모의 발전이 가능하고, 한 번 설치로 거의 영구적으로 사용할 수 있다.

　　② 단점 : 관리가 어렵고, 기후나 파도의 상황에 따라 발전량에 차이가 있다.

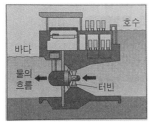 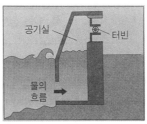 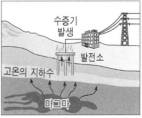

▲ 조력 발전　　　　　　　▲ 파력 발전　　　　　　　▲ 지열 발전

(6) 지열 발전

1) 에너지 생성 과정

　　: 땅속에 있는 고온의 지하수나 수증기를 끌어올려 온수와 난방에 이용하거나 터빈을
　　　회전시켜 전기를 생산한다.

2) 장·단점

　　① 장점 : 자원의 고갈 염려가 없고, 발전 과정에서 환경오염이 발생하지 않는다.
　　　좁은 면적에 발전 설비를 설치할 수 있고, 날씨에 관계없다.

　　② 단점 : 이용할 수 있는 지역이 한정되어 있고, 초기 투자비용이 많이 든다.

(7) 수소 핵융합 발전

1) **장점** : 바닷물에 풍부한 중수소와 삼중수소를 원료로 하므로 값이 싸고, 발전 과정에
　　서 방사성 물질이나 이산화탄소의 배출이 없어 친환경적이다.

2) **단점** : 핵융합이 일어나기 위해서는 1억K 이상의 높은 온도가 요구된다.

(8) 수소 연료 전지

1) 에너지 생성 과정

① 연료의 화학 에너지를 직접 전기 에너지로 전환시키는 장치이다.

② (−)극에 수소를 공급하고, (+)극에는 산소를 공급한다.

③ (−)극에서는 수소가 전자를 잃어 H^+로 산화되고, (−)극에서는 산소가 전자를 얻어 O^{2-}로 환원된다.

④ 수소가 내놓은 전자의 이동으로 전류가 흐르며, 물이 생성된다.

2) 장 · 단점

① 장점 : 생성물이 물이므로 환경오염이 없다.

연료의 화학 에너지가 직접 전기 에너지로 전환되므로 효율이 높다.

② 단점 : 수소는 폭발의 위험이 크고, 생산하는 데 경제성이 낮고, 저장, 운반 등이 어렵다.

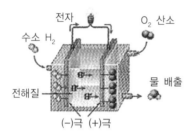

$$(-)\ 2H_2\ \rightarrow\ 4H^+\ +\ 4e^-$$
$$(+)\ O_2\ +\ 4H^+\ +\ 4e^-\ \rightarrow\ 2H_2O$$
$$\overline{전체\ 2H_2\ +\ O_2\ \rightarrow\ 2H_2O}$$

3) 미래의 이용 : 휴대용 전자제품의 전원, 수소 연료 전지 자동차, 대규모의 발전 등

4. 친환경 에너지 도시

– 지역 환경에 맞는 신재생 에너지를 활용하여 에너지와 환경 문제를 해결할 수 있는 도시를 말한다.

예 영국의 베드제드, 독일의 프라이부르크, 스웨덴의 하마비 허스타드 등

5. 화학 반응식 완결하기

반응물의 원자수 = 생성물의 원자수

① $\Box H_2 + \Box O_2\ \rightarrow\ \Box H_2O$

② $\Box N_2 + \Box H_2\ \rightarrow\ \Box NH_3$

③ $\Box CH_4 + \Box O_2\ \rightarrow\ \Box CO_2 + \Box H_2O$

Exercises

01 물질의 질량은 에너지로, 에너지는 질량으로 변환될 수 있으므로 에너지와 질량은 동등한데, 이를 (　　　　　　　　　　)라고 한다.

02 지구 에너지 순환의 근원은 (　　　　　　　)이며, 지구 생명체의 에너지원, 화석 연료의 생성, 기상 현상을 일으키는 근원이기도 하다.

03 과거에 살던 생물체가 매몰된 후 오랫동안 열과 압력을 받아 생성된 연료를 (　　　　　)라 하며, 석탄, 석유, 천연가스 등이 있고, 연소할 경우 공통으로 (　　　　　　)가 발생한다.

04 핵발전은 우라늄 원자핵에 속도가 느린 (　　　)를 충돌시키면 원자핵이 둘로 쪼개지는 핵분열이 일어나면서 2~3개의 (　　　　)와 함께 에너지가 방출되는 반응이 연쇄적으로 일어나며 진행된다.

05 신재생 에너지는 기존의 화석 연료를 변환하여 이용하거나 태양, 해양, 바람 등의 (　　　) 가능한 에너지를 이용하는 것으로 화석 연료와 핵발전 에너지의 문제점인 자원 고갈과 (　　　　) 등을 해결하기 위한 대체 에너지이다.

06 다음에서 설명하는 발전 방식을 옳게 써 보시오.
(1) 태양의 빛에너지를 직접 전기 에너지로 전환하며, 연료의 고갈 염려가 없고 환경 오염이 거의 발생하지 않는다. (　　　　　　)
(2) 바람의 운동 에너지를 이용하며, 설치가 비교적 간단하고 비용이 저렴하며, 환경 오염 물질을 배출하지 않는다. (　　　　　)
(3) 밀물과 썰물 때의 해수면의 높이차를 이용하며, 대규모의 발전이 가능하므로 발전 효율이 높고 날씨의 영향을 크게 받지 않는다. 우리나라의 경우 서해가 최적지이다. (　　　　)

07 수소 연료 전지는 연료의 화학 에너지를 직접 전기 에너지로 전환시키는 장치로 (-)극에 수소를 공급하고, (+)극에는 산소를 공급한다. 생성물이 (　) 이기 때문에 환경 오염이 없다.

08 다음 중 신재생 에너지를 이용한 발전이 <u>아닌</u> 것을 고르면?
① 지열 발전　　② 풍력 발전　　③ 조력 발전　　④ 핵 발전

정답　1. 질량 에너지 등가 원리　　2. 태양 복사 에너지
　　　3. 화석 연료, 이산화탄소　　4. 중성자, 중성자　　　5. 재생, 환경 오염
　　　6. (1) 태양광 발전 (2) 풍력 발전 (3) 조력 발전　　　7. 물　　　8. ④

과학

인쇄일		2023년 4월 24일
발행일		2023년 5월 1일
펴낸곳		(주)이타임라이프
지은이		편집부
주소		서울시 영등포구 경인로77가길 16 부곡빌딩 401호(문래동2가)
등록번호		2022.12.22 제 2022-000150호
ISBN		979-11-982268-5-3 13370

검정고시 전문서적

기초다지기 / 기초굳히기

"기초다지기, 기초굳히기 한권으로 시작하는 검정고시 첫걸음"

· 기초부터 차근차근 시작할 수 있는 교재

· 기초가 없어 시작을 망설이는 수험생을 위한 교재

기본서

"단기간에 합격! 효율적인 학습!
적중률 100%에 도전!"

· 철저하고 꼼꼼한 교육과정 분석에서 나온 탄탄한 구성

· 한눈에 쏙쏙 들어오는 내용정리

· 최고의 강사진으로 구성된 동영상 강의

만점 전략서

"검정고시 합격은 기본! 고득점과 대학진학은 필수!"

· 검정고시 고득점을 위한 유형별 요약부터
  문제풀이까지 한번에

· 기본 다지기부터 단원 확인까지 실력점검

핵심 총정리

"시험 전 총정리가 필요한 이 시점! 모든 내용이 한눈에"

· 단 한권에 담아낸 완벽학습 솔루션
· 출제경향을 반영한 핵심요약정리

합격길라잡이

"개념 4주 다이어트, 교재도 다이어트한다!"

· 요점만 정리되어 있는 교재로 단기간 시험범위 완전정복!
· 합격길라잡이 한권이면 합격은 기본!

기출문제집

"시험장에 있는 이 기분! 기출문제로 시험문제 유형 파악하기"

· 기출을 보면 답이 보인다
· 차원이 다른 상세한 기출문제풀이 해설

예상문제

"오랜기간 노하우로 만들어낸 신들린 입시고수들의 예상문제"

· 출제 경향과 빈도를 분석한 예상문제와 정확한 해설
· 시험에 나올 문제만 예상해서 풀이한다

한양 시그니처 관리형 시스템

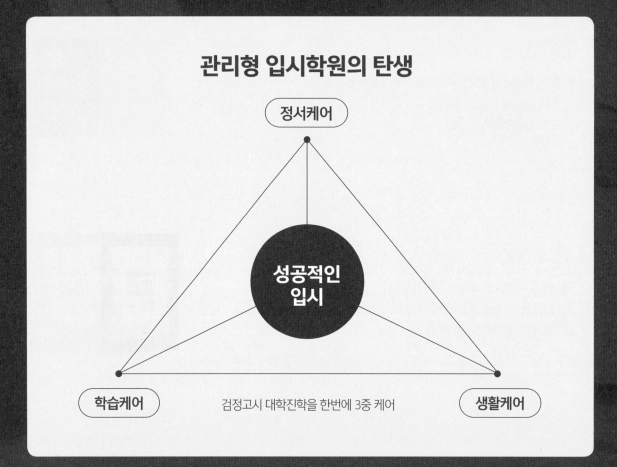

관리형 입시학원의 탄생

정서케어

성공적인
입시

학습케어   검정고시 대학진학을 한번에 3중 케어   생활케어

정서케어

· 3대1 멘토링
  (입시담임, 학습담임, 상담교사)
· MBTI (성격유형검사)
· 심리안정 프로그램
  (아이스브레이크, 마인드 코칭)
· 대학탐방을 통한 동기부여

학습케어

· 1:1 입시상담
· 수준별 수업제공
· 전략과목 및 취약과목 분석
· 성적 분석 리포트 제공
· 학습플래너 관리
· 정기 모의고사 진행
· 기출문제 & 해설강의

생활케어

· 출결점검 및 조퇴, 결석 체크
· 자습공간 제공
· 쉬는 시간 및 자습실
  분위기 관리
· 학원 생활 관련 불편사항
  해소 및 학습 관련 고민 상담

HANYANG
A C A D E M Y

한양 프로그램 한눈에 보기

· 검정고시반 중·고졸 검정고시 수업으로 한번에 합격!

기초개념	기본이론	핵심정리	핵심요약	파이널
개념 익히기	과목별 기본서로 기본 다지기	핵심 총정리로 출제 유형 분석 경향 파악	요약정리 중요내용 체크	실전 모의고사 예상문제 기출문제 완성

· 고득점관리반 검정고시 합격은 기본 고득점은 필수!

기초개념	기본이론	심화이론	핵심정리	핵심요약	파이널
전범위 개념익히기	과목별 기본서로 기본 다지기	만점 전략서로 만점대비	핵심 총정리로 출제 유형 분석 경향 파악	요약정리 중요내용 체크 오류범위 보완	실전 모의고사 예상문제 기출문제 완성

· 대학진학반 고졸과 대학입시를 한번에!

기초학습	기본학습	심화학습/검정고시 대비	핵심요약	문제풀이, 총정리
기초학습과정 습득 학생별 인강 부교재 설정	진단평가 및 개별학습 피드백 수업방향 및 난이도 조절 상담	모의평가 결과 진단 및 상담 4월 검정고시 대비 집중수업	자기주도 과정 및 부교재 재설정 4월 검정고시 성적에 따른 재시험 및 수시컨설팅 준비	전형별 입시진행 연계교재 완성도 평가

· 수능집중반 정시준비도 전략적으로 준비한다!

기초학습	기본학습	심화학습	핵심요약	문제풀이, 총정리
기초학습과정 습득 학생별 인강 부교재 설정	진단평가 및 개별학습 피드백 수업방향 및 난이도 조절 상담	모의고사 결과진단 및 상담 / EBS 연계 교재 설정 / 학생별 학습성취 사항 평가	자기주도 과정 및 부교재 재설정 학생별 개별지도 방향 점검	전형별 입시진행 연계교재 완성도 평가

D-DAY를 위한 신의 한수

검정고시생 대학진학 입시 전문

검정고시 합격은 기본!
대학진학은 필수!

입시 전문가의 컨설팅으로 성적을 뛰어넘는 결과를 만나보세요!

HANYANG ACADEMY

(YouTube)